双色大字本

中华人民共和国治安管理处罚法

案例注释版

中国法治出版社
CHINA LEGAL PUBLISHING HOUSE

图书在版编目（CIP）数据

中华人民共和国治安管理处罚法：案例注释版／中国法治出版社编. -- 2版. -- 北京：中国法治出版社，2025. 7. --（法律法规案例注释版丛书系列）. -- ISBN 978-7-5216-5177-5

Ⅰ. D922.145

中国国家版本馆 CIP 数据核字第 202563VG35 号

责任编辑：李若瑶　　　　　　　　　　　　　　　　封面设计：杨泽江

中华人民共和国治安管理处罚法：案例注释版
ZHONGHUA RENMIN GONGHEGUO ZHI'AN GUANLI CHUFAFA：ANLI ZHUSHIBAN

经销/新华书店
印刷/三河市国英印务有限公司
开本/880 毫米×1230 毫米　32 开　　　　　　　印张/7.5　字数/180 千
版次/2025 年 7 月第 2 版　　　　　　　　　　　2025 年 7 月第 1 次印刷

中国法治出版社出版
书号 ISBN 978-7-5216-5177-5　　　　　　　　　定价：32.00 元

北京市西城区西便门西里甲 16 号西便门办公区
邮政编码：100053　　　　　　　　　　　　　　传真：010-63141600
网址：http://www.zgfzs.com　　　　　　　　　编辑部电话：010-63141833
市场营销部电话：010-63141612　　　　　　　　印务部电话：010-63141606

（如有印装质量问题，请与本社印务部联系。）

出版说明

我国各级人民法院作出的生效裁判是审判实践的结晶,是法律适用在社会生活中真实、具体而生动的表现,是连接抽象法律与现实纠纷的桥梁。因此,了解和适用法律最好的办法,就是阅读、参考已发生并裁判生效的真实案例。从广大读者学法、用法以及法官、律师等司法实务人员工作的实际需要出发,我们组织编写了这套"法律法规案例注释版"丛书。该丛书侧重"以案释法",期冀通过案例注释法条的方法,将法律条文与真实判例相结合,帮助读者准确理解与适用法律条文,并领会法律制度的内在精神。

丛书最大的特点是:

一、专业性。丛书所编选案例的原始资料基本来源于各级人民法院已经审结并发生法律效力的裁判文书,从阐释法律规定的需要出发,加工整理而成。对于重点法条,则从全国人大常委会法工委等对条文的解读中提炼条文注释。

二、全面性。全书以主体法为编写主线,并辅之以条文主旨、条文注释、实用问答、典型案例、相关规定等,囊括了该法条的理论阐释和疑难问题,帮助读者全面理解法律知识体系。

三、示范性。裁判案例是法院依法对特定主体之间在特定时间、地点发生的法律纠纷作出的裁判,其本身具有真实性、指导性和示范性的特点。丛书选择的案例紧扣法律条文规定，精选了最高人民法院、最高人民检察院公布的指导案例等典型案例，对于读者有很强的参考借鉴价值。

四、实用性。每本书通过实用问答模块，以问答的方式解答实务中的疑难问题，帮助读者更好地解决实际问题。丛书设置"相关案例索引"栏目，列举更多的相关案例，归纳出案件要点，以期通过相关的案例，进一步发现、领会和把握法律规则、原则，从而作为解决实际问题的参考，做到举一反三。

五、便捷性。丛书采用大字排版、双色印刷，清晰疏朗，提升了读者的阅读体验。我们还在部分分册的主体法律文件之后收录重要配套法律文件，以及相应的法律流程图表、文书等内容，方便读者查找和使用。

希望本丛书能够成为广大读者学习、理解和适用法律的得力帮手！

适用提示

1986年9月5日第六届全国人大常委会第十七次会议通过了《中华人民共和国治安管理处罚条例》(以下简称《条例》),自1987年1月1日实施以来,《条例》在维护社会治安秩序,保障公共安全,保护公民合法权益,预防和减少犯罪等方面发挥了重要作用。但是随着经济和社会的不断发展,社会治安出现了新情况、新问题,《条例》已经不能适应社会治安管理的需要。1994年5月12日,第八届全国人大常委会第七次会议对《条例》做了个别内容的修改。

2005年8月28日发布的《中华人民共和国治安管理处罚法》是在总结《条例》实施经验的基础上,对治安管理处罚制度的进一步完善。与《条例》相比,《中华人民共和国治安管理处罚法》在维护社会治安秩序和保障公共安全、保护公民合法权益的基础上,增加了保护法人和其他组织合法权益、规范和保障公安机关及其人民警察依法履行治安管理职责的规定,赋予了公安机关更多的权限和手段。如将吊销公安机关发放的许可证和限期出境、驱逐出境新增为处罚种类,将违反治安管理行为由原来的73种增加到现在的238种,还赋予了公安机关办理治安案件必需的扣押、检查、追缴、收缴、取缔等强制措施。

2012年10月26日第十一届全国人民代表大会常务委员会第二十九次会议决定对《中华人民共和国治安管理处罚法》作出修改,将第六十条第四项修改为:"被依法执行管制、剥夺政治权利或者在缓刑、暂予监外执行中的罪犯或者被依法采取刑事强制措施的人，有违反法律、行政法规或者国务院有关部门的监督管理规定的行为。"

2025年6月27日，十四届全国人大常委会第十六次会议表决通过新修订的《中华人民共和国治安管理处罚法》，自2026年1月1日起施行。本次修订治安管理处罚法，针对治安管理领域出现的新情况新问题，为维护社会治安秩序，将一些危害行为纳入治安管理处罚，为公安机关执法提供法律依据。

新修订的治安管理处罚法明确，治安管理工作坚持中国共产党的领导，坚持综合治理。此次修订将一些新出现的影响社会治安的行为纳入管理范围，进一步优化和完善治安案件办理程序等方面内容。把组织、领导传销活动；以侮辱、诽谤或者其他方式侵害英雄烈士的姓名、肖像、名誉、荣誉，损害社会公共利益；以抢控驾驶操纵装置等方式干扰公共交通工具正常行驶等列入应处罚行为，回应了近年来出现的新型社会治安问题。还将虐待所监护、看护的幼老病残人员，违反国家有关规定向他人出售或者提供公民个人信息等行为列为侵犯人身权利、财产权利的行为并给予处罚。在提升执法效率与公正性方面，此次修订进一步规范和保障执法，完善有关处罚程序，对人民警察出示人民警察证、"一人执法"具体情形等作出规定。在执法监督方面，在建立治安违法记录封存制度、同步录音录像等方面作出细化规定。此次修订对组织胁迫未成年人从事有偿陪侍、校园欺凌等作出处罚规定，强化治安管理处罚法与其他相关法律的衔接，还对涉未成年人案件举行听证等作出具体规定。

目 录

中华人民共和国治安管理处罚法

第一章 总 则

第 一 条 【立法目的】 ………………………………… 2
第 二 条 【党的领导】 ………………………………… 2
第 三 条 【违反治安管理行为的性质和特征】 …………… 2
● 典型案例
　　某公安分局与罗某治安行政处罚案 ……………… 3
第 四 条 【处罚程序应适用的法律规范】 ……………… 5
● 典型案例
　　代某某诉天津市某区公安局行政处罚案 …………… 5
第 五 条 【适用范围】 ………………………………… 5
第 六 条 【基本原则】 ………………………………… 6
● 典型案例
　　赵某诉某市公安局某分局不履行法定职责案 ……… 8
第 七 条 【主管和管辖】 ……………………………… 9
● 典型案例
　　唐某诉某县公安局确认行政行为违法案 …………… 10
第 八 条 【民事责任与刑事责任】 ……………………… 11

1

● **典型案例**
　　王某、秦某容留卖淫案 ·················· 12
第 九 条　【调解】 ······························ 12

第二章　处罚的种类和适用

第 十 条　【处罚种类】 ·························· 14
● **典型案例**
　　张某诉某区市场监督管理局行政处罚案 ·········· 15
第十一条　【查获违禁品、工具和违法所得财物的处理】 ······ 16
● **典型案例**
　　关某某与某区人民政府等其他再审审查与审判监督案 ··· 17
第十二条　【未成年人违法的处罚】 ·················· 18
● **典型案例**
　　邓某某组织未成年人进行违反治安管理活动案 ········ 18
第十三条　【精神病人、智力残疾人违法的处罚】 ········· 19
● **典型案例**
　　王某绑架、强制猥亵案 ······················ 20
第十四条　【盲人或聋哑人违法的处罚】 ·············· 21
● **典型案例**
　　吉某与某市某区人民政府、某市某区公安局行政处罚案 ··· 21
第十五条　【醉酒的人违法的处罚】 ·················· 22
第十六条　【有两种以上违法行为的处罚】 ············· 23
第十七条　【共同违法行为的处罚】 ·················· 24
第十八条　【单位违法行为的处罚】 ·················· 24
第十九条　【正当防卫】 ·························· 26

- 典型案例

  郭某兰诉某县公安局行政处罚案 …………………… 26

第 二 十 条　【从轻、减轻处罚或不予处罚的情形】 …………… 26

- 典型案例

  杨某诉某市人民政府行政复议案 …………………… 27

第二十一条　【如实陈述从宽处理】 ………………………… 28

第二十二条　【从重处罚的情形】 …………………………… 28

- 典型案例

  刘某与某市公安局某分局行政案 …………………… 28

第二十三条　【应给予行政拘留处罚而不予执行的情形】 …… 29

第二十四条　【矫治教育措施】 ……………………………… 30

- 典型案例

  未成年戒毒人员刘某的教育矫治案例 ……………… 30

第二十五条　【追究时效】 …………………………………… 31

第三章　违反治安管理的行为和处罚

第一节　扰乱公共秩序的行为和处罚

第二十六条　【对扰乱单位、公共场所、公共交通和选举秩序行为的处罚】 ……………………………………… 32

- 典型案例

  熊某与某市公安局治安处罚纠纷上诉案 …………… 33

第二十七条　【对扰乱考试秩序行为的处罚】 ……………… 34

第二十八条　【对扰乱体育、文化等大型群众性活动秩序行为的处罚】 ……………………………………… 35

第二十九条 【对扰乱公共秩序行为的处罚】 36
　● 典型案例
　　1. 江西公安机关查处曹某某频繁编造涉"江西胡某某失踪事件"网络谣言案 37
　　2. 安徽公安机关依法查处郁某某编造"烧烤摊打架致一死一伤"网络谣言案 37
　　3. 湖南公安机关依法查处杨某某、曾某某编造"多名孩子被偷，疑似被贩卖器官"网络谣言案 37
　　4. 上海公安机关依法查处孟某、张某某等人编造"幼儿园女教师卖淫被抓"网络谣言案 38
　　5. 贵州公安机关依法查处宋某某编造"14岁女孩被强迫结婚"网络谣言案 38
　　6. 云南公安机关依法查处郑某某编造"本村村民自述去缅甸北打工被割腰子"网络谣言案 39
　　7. 陕西公安机关依法查处李某编造网络谣言实施敲诈勒索案 39
　　8. 安徽公安机关依法查处陈某某编造"蒙城失联爷孙尸体被剖开"网络谣言案 39
　　9. 丁某诉上海铁路公安局上海公安处、上海铁路公安局行政处罚及行政复议案 40

第 三 十 条 【对寻衅滋事行为的处罚】 40
第三十一条 【对利用封建迷信、会道门进行非法活动行为的处罚】 41
第三十二条 【对干扰无线电业务及无线电台（站）行为的处罚】 42
第三十三条 【对侵入、破坏计算机信息系统行为的处罚】 43

4

● 典型案例

　　安徽六安姚某友提供有偿网络攻击服务案 …………… 44

第三十四条　【对组织、领导传销活动行为的处罚】………… 44
　● 典型案例

　　陈某等人组织、领导传销活动案 ………………… 45

第三十五条　【对不尊重英雄烈士行为的处罚】………… 45
　● 典型案例

　　刘某侵害方某某烈士名誉权公益诉讼案 …………… 46

第二节　妨害公共安全的行为和处罚

第三十六条　【对违反危险物质管理行为的处罚】…………… 47
　● 典型案例

　　某运输公司诉某市某区交通综合行政执法大队行政处罚案 …… 47

第三十七条　【对危险物质被盗、被抢、丢失不报行为的
　　　　　　　处罚】………………………………………… 49

第三十八条　【对非法携带管制器具行为的处罚】…………… 49

第三十九条　【对盗窃、损毁公共设施行为的处罚】………… 49
　● 典型案例

　　莫某故意毁坏财物案 ……………………………… 50

第四十条　【对妨害航空器飞行安全行为的处罚】…………… 51
　● 典型案例

　　张某与某市公安局某分局其他行政案 ……………… 52

第四十一条　【对妨害铁路、城市轨道交通运行安全行为的
　　　　　　　处罚】………………………………………… 53
　● 典型案例

　　黄某与某市公安局行政处罚案 ……………………… 53

第四十二条 【对妨害列车行车安全行为的处罚】 …………… 54
　●典型案例
　　张某诉中国铁路某局集团有限公司铁路运输人身损害责任纠纷案 ……………………………………………………… 54
第四十三条 【对妨害公共道路安全行为的处罚】 …………… 54
第四十四条 【对违反规定举办大型活动行为的处罚】 ……… 55
第四十五条 【对违反公共场所安全规定行为的处罚】 …… 56
　●典型案例
　　方某诉某县公安局治安管理行政处罚一案 …………… 56
第四十六条 【对违规飞行航空器、气球等升空物体行为的处罚】 ……………………………………………………… 58

　　　　　第三节　侵犯人身权利、财产权利的行为和处罚

第四十七条 【对恐怖表演、强迫劳动、限制人身自由行为的处罚】 ………………………………………………… 59
　●典型案例
　　某市公安局某分局、庄某治安行政处罚案 …………… 59
第四十八条 【对组织、胁迫未成年人从事有偿陪侍活动行为的处罚】 ……………………………………………… 60
　●典型案例
　　惩治组织未成年人进行违反治安管理活动犯罪综合司法保护案 ……………………………………………………… 61
第四十九条 【对胁迫利用他人乞讨和滋扰乞讨行为的处罚】 … 61
第 五 十 条 【对侵犯人身权利六项行为的处罚】 …………… 62
　●典型案例
　　汤某某、何某网上"骂战"被行政处罚案 …………… 63

第五十一条　【对殴打或故意伤害他人身体行为的处罚】………… 63
　●典型案例
　　任某诉某市公安局某分局治安行政处罚案 …………………… 64
第五十二条　【对猥亵他人和在公共场所裸露身体行为的
　　　　　　　处罚】……………………………………………… 65
　●典型案例
　　王某制猥亵案 …………………………………………………… 66
第五十三条　【对虐待家庭成员及被监（看）护的人、遗
　　　　　　　弃被扶养人行为的处罚】…………………………… 66
第五十四条　【对强迫交易行为的处罚】………………………… 67
　●典型案例
　　王某、某市公安局某分局公安行政管理案 …………………… 68
第五十五条　【对煽动民族仇恨、民族歧视行为的处罚】……… 69
第五十六条　【对向他人出售或者提供个人信息行为的处罚】… 69
第五十七条　【对侵犯通信自由行为的处罚】…………………… 69
　●典型案例
　　钟某、某市公安局某分局行政复议再审案 …………………… 70
第五十八条　【对盗窃、诈骗、哄抢、抢夺、敲诈勒索行为
　　　　　　　的处罚】……………………………………………… 71
　●典型案例
　　何某华诉某市公安局某分局公安行政管理再审审查与审
　　判监督行政裁定案 ……………………………………………… 71
第五十九条　【对故意损毁公私财物行为的处罚】……………… 72
　●典型案例
　　孔某某寻衅滋事案 ……………………………………………… 73
第六十条　　【对实施学生欺凌行为的处罚】…………………… 73

7

第四节 妨害社会管理的行为和处罚

第六十一条 【对拒不执行紧急状态决定、命令和阻碍执行公务的处罚】 ········· 74
- ●典型案例
  - 任某与某县公安局治安处罚纠纷上诉案 ········· 75
- 第六十二条 【对招摇撞骗行为的处罚】 ········· 76
- ●典型案例
  - 陈某科等招摇撞骗案 ········· 78
- 第六十三条 【对伪造、变造、买卖公文、证件、票证、船舶户牌行为的处罚】 ········· 79
- 第六十四条 【对船舶擅自进入禁止、限入水域或岛屿行为的处罚】 ········· 80
- 第六十五条 【对违法设立社会团体行为的处罚】 ········· 81
- 第六十六条 【对非法集会、游行、示威行为的处罚】 ········· 82
- 第六十七条 【对旅馆工作人员违反规定行为的处罚】 ········· 82
- 第六十八条 【对违法出租房屋行为的处罚】 ········· 84
- ●典型案例
  - 牟某、王某容留卖淫案 ········· 84
- 第六十九条 【对特定行业经营者不依法登记信息行为的处罚】 ········· 85
- 第七十条 【对非法安装、使用、提供窃听、窃照专用器材行为的处罚】 ········· 85
- ●典型案例
  - 颜某平、颜某建非法使用窃照专用器材案 ········· 85
- 第七十一条 【对违法典当、收购行为的处罚】 ········· 86
- 第七十二条 【对妨害执法秩序行为的处罚】 ········· 87

第七十三条　【对违反禁止性行为的处罚】·················· 88
　●典型案例
　　韩某甲、张某诉韩某申请人身安全保护令案 ·········· 89
第七十四条　【对依法被关押的违法行为人脱逃行为的处罚】··· 89
第七十五条　【对妨害文物管理行为的处罚】············· 89
第七十六条　【对非法驾驶交通工具行为的处罚】··········· 90
　●典型案例
　　伊宁县某局、依某行政处罚行政非诉审查案 ············ 90
第七十七条　【对破坏他人坟墓、尸体和乱停放尸体行为的
　　　　　　　处罚】······································ 91
第七十八条　【对卖淫、嫖娼行为的处罚】··············· 91
第七十九条　【对引诱、容留、介绍卖淫行为的处罚】·········· 92
　●典型案例
　　阎某介绍卖淫案 ····································· 93
第 八 十 条　【对传播淫秽信息行为的处罚】··············· 93
第八十一条　【对组织、参与淫秽活动的处罚】············· 94
第八十二条　【对赌博行为的处罚】····················· 96
　●典型案例
　　赵某诉某市公安局、某市人民政府治安行政处罚和行政
　　复议案 ·· 96
第八十三条　【对涉及毒品原植物行为的处罚】············· 97
　●典型案例
　　打击毒品违法犯罪典型案例 ························· 98
第八十四条　【对毒品违法行为的处罚】················· 99
第八十五条　【对教唆、引诱、欺骗他人吸食、注射毒品行
　　　　　　　为的处罚】···························· 100

9

第八十六条 【对非法生产、经营、购买、运输用于制造毒品的原料、配剂行为的处罚】……………… 101
第八十七条 【对服务行业人员通风报信行为的处罚】……… 101
  ● 典型案例
    周某组织卖淫案 ………………………………………… 102
第八十八条 【对制造噪声干扰他人生活行为的处罚】……… 102
  ● 典型案例
    周某诉某公安分局拖延履行法定职责案 ……………… 103
第八十九条 【对饲养动物违法行为的处罚】………………… 104

第四章 处罚程序

第一节 调查

第 九 十 条 【受理治安案件后的处理】………………………… 105
第九十一条 【严禁非法取证】…………………………………… 105
第九十二条 【收集、调取证据】………………………………… 106
  ● 典型案例
    刘某等诉某市某区人民政府行政赔偿案 ……………… 106
第九十三条 【移送案件前依法收集的证据材料可以使用】…… 107
第九十四条 【公安机关的保密义务】…………………………… 107
第九十五条 【关于回避的规定】………………………………… 108
第九十六条 【关于传唤的规定】………………………………… 109
  ● 典型案例
    陈某诉某市某县公安局行政强制案 …………………… 109
第九十七条 【传唤后的询问期限与通知义务】………………… 110

第九十八条 【询问笔录、书面材料与询问不满十八周岁人的规定】……………………………………… 111

第九十九条 【询问被侵害人和其他证人的规定】………… 112

第一百条 【远程视频询问】…………………………… 113

第一百零一条 【询问中的语言帮助】………………… 113

● 典型案例

郭某与某县公安局治安行政处罚案……………… 114

第一百零二条 【人身检查】…………………………… 115

第一百零三条 【检查时应遵守的程序】……………… 115

第一百零四条 【检查笔录的制作】…………………… 116

第一百零五条 【关于扣押物品的规定】……………… 117

● 典型案例

韩某诉某街道办事处、某区生态环境局等扣押财物及行政赔偿案…………………………………………… 118

第一百零六条 【关于鉴定的规定】…………………… 118

第一百零七条 【辨认场所、物品、行为人】………… 119

第一百零八条 【询问、扣押、辨认的要求】………… 119

第二节 决 定

第一百零九条 【处罚的决定机关】…………………… 120

第一百一十条 【行政拘留的折抵】…………………… 120

第一百一十一条 【违反治安管理行为人的陈述与其他证据的关系】……………………………………… 121

第一百一十二条 【陈述与申辩权】…………………… 121

● 典型案例

郑某诉某市公安局公安行政管理案……………… 122

第一百一十三条　【治安案件的处理】…… 123
　●典型案例
　　陈某某等与某分局某派出所等其他再审审查与审判监督案 …… 124
第一百一十四条　【法制审核】…… 124
第一百一十五条　【治安管理处罚决定书的内容】…… 125
第一百一十六条　【宣告、送达】…… 126
第一百一十七条　【听证】…… 127
　●典型案例
　　某公司诉某市某区行政审批局行政许可案 …… 127
第一百一十八条　【期限】…… 128
　●典型案例
　1. 重庆市公安局某分局与郭长某不履行治安处罚法定职责案 …… 129
　2. 黄某诉某市公安局某分局、某市公安局治安管理行政处罚案 …… 130
第一百一十九条　【当场处罚】…… 131
第 一 百 二 十 条　【当场处罚决定程序】…… 132
　●典型案例
　　翁某诉某市公安局交通警察支队某大队行政处罚案 …… 132
第一百二十一条　【不服处罚提起的行政复议或行政诉讼】…… 133
　●典型案例
　　焦某诉某公安分局治安管理处罚决定行政纠纷案 …… 133

第三节　执　　行

第一百二十二条　【行政拘留处罚的执行】…… 134
第一百二十三条　【当场收缴罚款范围】…… 135
第一百二十四条　【罚款交纳期限】…… 136

第一百二十五条　【罚款收据】……………………………… 137
第一百二十六条　【暂缓执行行政拘留】…………………… 137
第一百二十七条　【担保人的条件】………………………… 138
第一百二十八条　【担保人的义务】………………………… 138
第一百二十九条　【没收保证金】…………………………… 139
第 一 百 三 十 条　【退还保证金】…………………………… 139

第五章　执法监督

第一百三十一条　【执法原则】……………………………… 140
● 典型案例
　　陈某、某市公安局某分局、胡某行政处罚案 …………… 140
第一百三十二条　【禁止行为】……………………………… 141
第一百三十三条　【社会监督】……………………………… 141
第一百三十四条　【公职人员接受治安管理处罚】………… 141
第一百三十五条　【罚缴分离原则】………………………… 142
第一百三十六条　【记录封存】……………………………… 142
第一百三十七条　【同步录音录像】………………………… 142
第一百三十八条　【个人信息保护】………………………… 142
第一百三十九条　【公安机关及其民警的行政责任和刑事责任】… 143
第 一 百 四 十 条　【赔偿责任】……………………………… 144
● 典型案例
　　李某申请某市公安局违法刑事拘留、违法刑事扣押国家
　　赔偿案 ……………………………………………………… 145

13

第六章 附 则

第一百四十一条 【特殊情况的适用】…………… 145
第一百四十二条 【海上治安管理】……………… 146
第一百四十三条 【"以上、以下、以内"的含义】…… 146
第一百四十四条 【生效日期】……………………… 146

附录

公安机关执行《中华人民共和国治安管理处罚法》有关
　问题的解释…………………………………………… 147
　　（2006年1月23日）
公安机关执行《中华人民共和国治安管理处罚法》有关
　问题的解释（二）…………………………………… 154
　　（2007年1月8日）
公安机关办理行政案件程序规定……………………… 158
　　（2020年8月6日）

中华人民共和国治安管理处罚法

（2005年8月28日第十届全国人民代表大会常务委员会第十七次会议通过　根据2012年10月26日第十一届全国人民代表大会常务委员会第二十九次会议《关于修改〈中华人民共和国治安管理处罚法〉的决定》修正　2025年6月27日第十四届全国人民代表大会常务委员会第十六次会议修订　2025年6月27日中华人民共和国主席令第49号公布　自2026年1月1日起施行）

目　录

第一章　总　则
第二章　处罚的种类和适用
第三章　违反治安管理的行为和处罚
　第一节　扰乱公共秩序的行为和处罚
　第二节　妨害公共安全的行为和处罚
　第三节　侵犯人身权利、财产权利的行为和处罚
　第四节　妨害社会管理的行为和处罚
第四章　处罚程序
　第一节　调　查
　第二节　决　定
　第三节　执　行

第五章　执法监督
第六章　附　　则

第一章　总　　则

第一条　立法目的①

为了维护社会治安秩序，保障公共安全，保护公民、法人和其他组织的合法权益，规范和保障公安机关及其人民警察依法履行治安管理职责，根据宪法，制定本法。

第二条　党的领导

治安管理工作坚持中国共产党的领导，坚持综合治理。

各级人民政府应当加强社会治安综合治理，采取有效措施，预防和化解社会矛盾纠纷，增进社会和谐，维护社会稳定。

第三条　违反治安管理行为的性质和特征

扰乱公共秩序，妨害公共安全，侵犯人身权利、财产权利，妨害社会管理，具有社会危害性，依照《中华人民共和国刑法》的规定构成犯罪的，依法追究刑事责任；尚不够刑事处罚的，由公安机关依照本法给予治安管理处罚。

● **条文注释**

关于《治安管理处罚法》②的调整范围，本条作出了原则性的规

---

① 条文主旨为编者所加，仅供参考，下同。
② 本书中法律文件适用简称，以下不再提示。

定。本法适用于扰乱公共秩序，妨害公共安全，侵犯人身权利、财产权利，妨害社会管理尚不构成犯罪的行为。首先，违反治安管理行为是违反治安管理方面的行政法律、法规的违法行为。治安管理方面的行政法律、法规只限于那些与社会治安秩序相关的行政性法律和法规，所以并非所有的违反公安机关作为主管部门的法律、法规的违法行为都是违反治安管理的行为。其次，违反治安管理行为具有一定的社会危害性。行为的社会危害性应当是认定一个行为是否违法的实质性标准，有的行为虽然造成他人人身、财产的侵害，但是其实质上并不具有社会危害性，不属于违法行为，如正当防卫行为、紧急避险行为等。最后，违反治安管理行为虽尚未构成犯罪，但应当受到治安管理处罚。违反治安管理处罚的行为的社会危害性在程度上又有一定的限制，即其只是侵犯了治安管理法律、法规所保护的利益，在性质上属于一种违法行为，超过了这一限度的，就构成犯罪行为。必须注意的是，并不是所有的由公安机关作出的行政处罚都是治安管理处罚，治安管理处罚只是行政处罚的一种。

● *典型案例*[①]

某公安分局与罗某治安行政处罚案[②] [（2019）辽07行终1号]

本案中，综合各方当事人的陈述、询问笔录及现场录像可以认定，案外人韩某与被上诉人罗某并不认识第三人吴某，面对吴某的寻衅及殴打行为，罗某采取制止违法侵害行为并未超出合理的界限。从监控录像的视频中可以看出罗某本人为保护自己的老师几次拉架都被

---

① 本书案例中所引用的法律、法规等文件，均为案件裁判时有效，以下不另外提示。
② 载中国裁判文书网，https：//wenshu.court.gov.cn/website/wenshu/181107ANFZ0BXSK4/index.html？docId=o338YswRw5xPfuXrn2iQER954BGs1V/Oo0DCgR4yh+6+Mx4faYhSE/UKq3u+IEo4xrhYIUL6n/HlIb6F6BMZlyN05NRB6QgWvb77MR4zDn4bsqvSYeKbl0+JDdvMA9wX，最后访问时间：2025年7月18日。

第三人王某拽出来，其再一次冲过来抡胳膊的行为虽然触碰到第三人吴某，但其保护老师、制止违法侵害、拉架的目的并没有发生变化，故被告某公安分局仅通过视频中监控到的行为就认定罗某为殴打行为，主要证据不足。其次，由于罗某殴打他人的事实无法认定，关于罗某与其老师韩某构成结伙殴打的事实也无法认定。最后，对某一行为属于互殴抑或属于制止违法侵害行为应当综合加以认定。对于行为人是出于防卫意图还是出于斗殴故意，事件的起因与经过、双方的语言、攻击力量对比以及是否饮酒或吸毒等表现等均可加以佐证。罗某在老师韩某遭受殴打后，其作出的脚踢、抡胳膊的行为的主要目的是帮助他人摆脱侵害，因此不具有社会危害性。

根据《中华人民共和国治安管理处罚法》第二条的规定，扰乱公共秩序，妨害公共安全，侵犯人身权利、财产权利，妨害社会管理，具有社会危害性，依照《中华人民共和国刑法》的规定构成犯罪的，依法追究刑事责任；尚不够刑事处罚的，由公安机关依照本法给予治安管理处罚。因此，公安机关执行治安管理处罚法进行处罚的对象应当限定在上述范围内，即必须是扰乱公共秩序，妨害公共安全，侵犯人身权利、财产权利，妨害社会管理，具有社会危害性的个人。行为人如果面对寻衅滋事的行为，出于制止不法侵害的目的进行的抵抗，只要没有超过必要的限度，就不应被追究行政责任。首先，关于罗某是否存在对第三人吴某进行殴打的问题。参照《公安机关执行〈中华人民共和国治安管理处罚法〉有关问题的解释（二）》第一条的规定，关于制止违反治安管理行为的法律责任问题，公安机关在行政执法过程中，对于治安案件的发生原因、过程、后果，都应该全面取证，综合考虑。

第四条　处罚程序应适用的法律规范

治安管理处罚的程序，适用本法的规定；本法没有规定的，适用《中华人民共和国行政处罚法》、《中华人民共和国行政强制法》的有关规定。

● **典型案例**

代某某诉天津市某区公安局行政处罚案［（2021）津行申593号 人民法院案例库入库编号：2023-12-3-001-014］

（1）公安机关经调查作出不予行政处罚的决定后，经补充调查又发现新的证据，能够认定违法行为的，应当依法重新作出处理决定，但需先撤销原不予行政处罚决定。

（2）撤销原不予行政处罚决定属于对外发生法律效力的具体行政行为，应当作出撤销原不予行政处罚决定的书面决定并送达行政相对人，不能仅通过内部审批或其他内部手续撤销原不予行政处罚决定后径行作出新的行政处罚决定，否则属于程序违法。

（3）在重新作出的行政处罚决定认定事实清楚、适用法律正确、程序合法的情形下，未明示撤销原不予行政处罚决定并未实质侵害相对人的合法权益，即该违法情形属于程序轻微违法，判决确认重新作出的行政处罚决定程序违法即可，无须予以撤销。

第五条　适用范围

在中华人民共和国领域内发生的违反治安管理行为，除法律有特别规定的外，适用本法。

在中华人民共和国船舶和航空器内发生的违反治安管理行为，除法律有特别规定的外，适用本法。

在外国船舶和航空器内发生的违反治安管理行为,依照中华人民共和国缔结或者参加的国际条约,中华人民共和国行使管辖权的,适用本法。

● **条文注释**

本条是关于本法的适用范围的规定。

首先,中华人民共和国领域内的全部区域,是指我国行使国家主权的地域,包括领陆、领水和领空。在我国领域内违反治安管理的人,包括自然人、法人和其他组织。其中自然人包括中国公民、外国人和国籍不明的人。

其次,本法规定了《治安管理处罚法》适用的空间效力和对人的效力。在空间效力上,除法律有特别规定的外,本法适用于我国的整个领域;在对人的效力上,除法律有特别规定的外,本法适用于所有在我国领域内违反治安管理的人。

最后,我国的船舶和航空器,按照国际条约和国际惯例,被视为是我国领土的延伸部分,在此范围内发生的违反治安管理行为,应当适用本法。按照本法规定处罚。

● **实用问答**

问: 外国人在中国违反治安管理的是否可以处罚?

答: 按照本条的规定,不论违反治安管理行为人是中国公民还是外国人(含无国籍人),除享有外交特权和豁免权的外国人违反治安管理的法律责任通过外交途径解决的外,均应适用本法。

第六条 基本原则

治安管理处罚必须以事实为依据,与违反治安管理的事实、性质、情节以及社会危害程度相当。

实施治安管理处罚，应当公开、公正，尊重和保障人权，保护公民的人格尊严。

办理治安案件应当坚持教育与处罚相结合的原则，充分释法说理，教育公民、法人或者其他组织自觉守法。

● **条文注释**

本条是关于本法的基本原则的规定。包括以事实为依据原则，与违反治安管理行为的性质、情节以及社会危害程度相当原则，公开、公正原则，尊重和保障人权原则等。

注意，以事实为依据原则中所谓的"事实"，主要有以下三种类型：第一，生活事实。也就是在引起治安管理处罚法的调整过程中的最基本的事实，如发生了某个具体的违反本法的事实，如酗酒等。第二，法律事实。指法律规定的，从生活事实中抽象出来的，构成某一法律后果的事实。第三，案件事实。所谓案件事实也就是经过行政机关的判断或法官的裁判，最终可用来进行法律裁判的事实依据。

● **实用问答**

问：已经制定并经相关部门讨论通过但尚未公布的关于行政处罚的规定，能否作为行政处罚的依据？

答：根据《治安管理处罚法》的规定，以及《行政处罚法》第五条的规定，对违法行为进行处罚的依据必须公开，否则不得作为处罚的依据，这就是公开性原则的一个方面的要求。因此，已经制定并经相关部门讨论通过但尚未公布的关于行政处罚的规定因为其并没有公布出来为行政相对人所知悉，所以不能作为行政处罚的依据。

● **典型案例**

赵某诉某市公安局某分局不履行法定职责案[①] [（2019）苏8602行初539号]

原告赵某系某园保洁员。2019年1月25日9时6分，赵某的儿子曹加某拨打"110"报警，称某园6栋附近有打架纠纷。接到"110"转来的报警后，被告下属麒麟派出所民警到达现场。民警现场了解情况，系某园业主白某因怀疑去年放在门口的一条金项链被保洁员赵某拿走，遂双方发生口角，在此过程中，白某打了赵某一巴掌。民警将赵某及白某带到麒麟派出所，分别对赵某、白某进行了调查并制作询问笔录。调查过程中白某承认因双方发生争执，自己"用手背扇了赵某一巴掌"。2019年4月9日，麒麟派出所对案外人曹加某进行了询问。曹加某称双方之前就有过矛盾，2019年1月25日上午，在某园6栋附近，白某骂了赵某，曹加某带他们去物业解决问题，在去物业的路上，白某打了赵某。2019年1月25日，某公安分局作出《调取证据通知书》，向物业调取与赵某被打一案有关的视频监控。同日，被告受理赵某被打一案，并用短信告知案件受理情况。

《治安管理处罚法》第二条规定，扰乱公共秩序，妨害公共安全，侵犯人身权利、财产权利，妨害社会管理，具有社会危害性，依照《刑法》的规定构成犯罪的，依法追究刑事责任；尚不够刑事处罚的，由公安机关依照本法给予治安管理处罚。被告在庭审中称，白某殴打赵某的事实清楚，证据确凿，应当对其作出行政处罚决定，但考虑到白某情绪激动，为了化解社会矛盾，依据《治安管理处罚法》第五

---

① 载中国裁判文书网，https：//wenshu.court.gov.cn/website/wenshu/181107ANFZ0BXSK4/index.html? docId = WF + HPKPejYG5mN3vznZSPo + Bl1ooGFoZRqOwtzpbLtG6RgtNN2kprvUKq3u + IEo4xrhYIUL6n/HlIb6F6BMZlyN05NRB6QgWvb77MR4zDn6v0Zenejj2zbWfY9ORX+RM，最后访问时间：2025年6月27日。

条、第六条的规定，采取了劝说、批评教育的方式处理。对此，法院认为，公安机关在办理行政案件过程中，应当加强对当事人的教育，努力疏导情绪，化解社会矛盾，但其前提必须是严格执法。教育与处罚相结合是治安管理处罚法的基本原则，但不能简单地以教育代替处罚，或以处罚代替教育。对应当处罚的行为不处罚、应当追究的责任不追究，形式上似乎钝化了矛盾，实质却破坏了法律实施，也会引导相对人采用各种方式规避、对抗公安机关依法履行职责，无助于构建良好的社会治安秩序。因此，被告以维护社会稳定、防止矛盾激化为由，不给予白某处罚的理由不能成立。

● **相关规定**

《公安机关办理行政案件程序规定》第4-5条

第七条　主管和管辖

国务院公安部门负责全国的治安管理工作。县级以上地方各级人民政府公安机关负责本行政区域内的治安管理工作。

治安案件的管辖由国务院公安部门规定。

● **实用问答**

1. 问：对同一违法案件多个公安机关都有管辖权的如何处理？

答：《公安机关办理行政案件程序规定》第十四条规定："几个公安机关都有权管辖的行政案件，由最初受理的公安机关管辖。必要时，可以由主要违法行为地公安机关管辖。"第十五条第一款、第二款规定："对管辖权发生争议的，报请共同的上级公安机关指定管辖。对于重大、复杂的案件，上级公安机关可以直接办理或者指定管辖。"据此，当多个公安机关都有权管辖行政违法案件时，由最初受理的公安机关管辖。但是，当由主要违法行为地公安机关管辖更为适宜时，可以由主要违法行为地公安机关管辖。管辖权发生争议的，报请共同的上级公安机关指定管辖。特殊情形的，上级公安机关可以直接办理或者指定管辖。

2. 问：铁路、港航、民航、森林公安机关对哪些案件行使管辖权？

答：《公安机关办理行政案件程序规定》第十六条规定："铁路公安机关管辖列车上、火车站工作区域内，铁路系统的机关、厂、段、所、队等单位内发生的行政案件，以及在铁路线上放置障碍物或者损毁、移动铁路设施等可能影响铁路运输安全、盗窃铁路设施的行政案件。对倒卖、伪造、变造火车票案件，由最初受理的铁路或者地方公安机关管辖。必要时，可以移送主要违法行为发生地的铁路或者地方公安机关管辖。交通公安机关管辖港航管理机构管理的轮船上、港口、码头工作区域内和港航系统的机关、厂、所、队等单位内发生的行政案件。民航公安机关管辖民航管理机构管理的机场工作区域以及民航系统的机关、厂、所、队等单位内和民航飞机上发生的行政案件。国有林区的森林公安机关管辖林区内发生的行政案件。海关缉私机构管辖阻碍海关缉私警察依法执行职务的治安案件。"

● **典型案例**

唐某诉某县公安局确认行政行为违法案［（2020）豫03行终407号 人民法院案例库入库编号：2024-12-3-007-004］

（1）公安机关是否有权对涉嫌吸毒人员采取强制检测措施的问题。《中华人民共和国禁毒法》和《公安机关办理行政案件程序规定》规定，公安机关可以对涉嫌吸毒的人员进行必要的检测，被检测人员应当予以配合；对拒绝接受检测的，经县级以上人民政府公安机关或者其派出机构负责人批准，可以强制检测。根据上述规定，警方在涉嫌吸毒的人员不配合检测的情况下，确有强制传唤、强制检测的权力。(2) 公安机关对异地的涉嫌吸毒案件是否有管辖权，程序是否违法问题。《公安机关办理行政案件程序规定》第十条、第十五条规定，行政案件由违法行为地的公安机关管辖。由违法行为人居住地公安机关管辖更为适宜的，可以由违法行为人居住地公安机关管辖，但是涉及卖淫、嫖娼、赌博、毒品的案件除外。对于重大、复杂的案件，上级公安机关可以直接办理或者指定管辖。上级公安机关直接办理或者指定管辖的，应当书面通知被指定管辖的公安机关和其他有关的公安机关。

● 相关规定

《行政处罚法》第 22-27 条；《公安机关办理行政案件程序规定》第 10-16 条

第八条　民事责任与刑事责任

违反治安管理行为对他人造成损害的，除依照本法给予治安管理处罚外，行为人或者其监护人还应当依法承担民事责任。

违反治安管理行为构成犯罪，应当依法追究刑事责任的，不得以治安管理处罚代替刑事处罚。

● 条文注释

治安管理处罚在法律性质上属于行政法的范畴，本条的规定是《治安管理处罚法》与民事法律、刑法之间的衔接。在《治安管理处罚法》规定的众多违法行为中，很多都兼具行政违法性和民事侵权性的双重特征。本条只是一种原则性规定，关于具体民事责任的范围、承担方式等问题，都需要依照有关民事法律来确定。

另外，违反治安管理的行为若构成犯罪，应当依法追究刑事责任的，不得以治安管理处罚代替刑事处罚。

● *典型案例*

王某、秦某容留卖淫案 [（2013）通中刑终字第13号 人民法院案例库入库编号：2024-18-1-371-001]

行政机关在行政执法过程中收集的物证、书证、视听资料、电子数据，在刑事诉讼中可以作为证据使用；与之不同，所收集的言词证据在刑事诉讼中一般不得直接作为证据使用，而应当重新收集或者予以转化。对重新收集或者转化的证据材料，经法庭查证属实，且收集程序符合有关法律、行政法规规定的，才可以作为定案的根据。公安机关在办理治安案件中收集证据材料，亦应适用上述规则。

第九条 调解

对于因民间纠纷引起的打架斗殴或者损毁他人财物等违反治安管理行为，情节较轻的，公安机关可以调解处理。

调解处理治安案件，应当查明事实，并遵循合法、公正、自愿、及时的原则，注重教育和疏导，促进化解矛盾纠纷。

经公安机关调解，当事人达成协议的，不予处罚。经调解未达成协议或者达成协议后不履行的，公安机关应当依照本法的规定对违反治安管理行为作出处理，并告知当事人可以就民事争议依法向人民法院提起民事诉讼。

对属于第一款规定的调解范围的治安案件，公安机关作出处理决定前，当事人自行和解或者经人民调解委员会调解达成协议并履行，书面申请经公安机关认可的，不予处罚。

● **条文注释**

　　调解制度是我国法律制度的一个特色。《治安管理处罚法》保留了《治安管理处罚条例》规定的公安机关调解处理治安案件的做法，对公安机关可以调解处理的治安案件的范围也未作实质性的改变，即因民间纠纷引起的打架斗殴、损毁他人财物等违反治安管理行为，情节较轻的，都可以进行调解。民间纠纷是指公民之间、公民和单位之间，在生活、工作、生产经营等活动中产生的纠纷，如发生在家庭、邻里、同事等之间的较小争议。因这些争议而引起的打架斗殴或损毁他人财物等违反治安管理行为，情节一般较轻，公安机关可以以调解的方式处理。公安机关调解处理违反治安管理行为，主要是就违反治安管理行为所造成的对被侵害人的人身、财产等权利的损害应当如何赔偿等问题，在双方当事人之间进行斡旋。注意，公安机关可以调解处理，也可以不调解。为确保调解取得良好效果，调解前应当及时依法做深入细致的调查取证工作，以查明事实、收集证据、分清责任。调解达成协议的，应当制作调解书，交双方当事人签字。调解和裁决是不同的，调解是以主持人的身份进行的，遵循纠纷双方自愿的原则，而裁决则有国家强制力，当事人必须遵守。

● **相关规定**

　　《公安机关办理行政案件程序规定》第 178-186 条；《公安机关执行〈中华人民共和国治安管理处罚法〉有关问题的解释》第 1 条

第二章　处罚的种类和适用

第十条　处罚种类

治安管理处罚的种类分为：
（一）警告；
（二）罚款；
（三）行政拘留；
（四）吊销公安机关发放的许可证件。
对违反治安管理的外国人，可以附加适用限期出境或者驱逐出境。

● *实用问答*

1. 问：行政拘留前因同一行为已经被限制人身自由的，可否折抵拘留时间？

答：根据《公安机关办理行政案件程序规定》第一百六十三条的规定："对决定给予行政拘留处罚的人，在处罚前因同一行为已经被采取强制措施限制人身自由的时间应当折抵。限制人身自由一日，折抵执行行政拘留一日。询问查证、继续盘问和采取约束措施的时间不予折抵。被采取强制措施限制人身自由的时间超过决定的行政拘留期限的，行政拘留决定不再执行。"

2. 问：对外国人如何适用治安管理处罚？

答：根据《公安机关执行〈中华人民共和国治安管理处罚法〉有关问题的解释》第二条规定，对外国人需要依法适用限期出境、驱逐出境处罚的，由承办案件的公安机关逐级上报公安部或者公安部授权的省级人民政府公安机关决定，由承办案件的公安机关执行。对外国人依法决定行政拘留的，由承办案件的县级以上（含县级）公安机关决定，不再报上一级公安机关批准。对外国人依法决定警告、罚款、行政拘留，并附加适用限期出境、驱逐出境处罚的，应当在警告、罚款、行政拘留执行完毕后，再执行限期出境、驱逐出境。

● *典型案例*

张某诉某区市场监督管理局行政处罚案［（2022）豫05行终159号　人民法院案例库入库编号：2024-12-3-001-001］

行政处罚应当遵循过罚相当原则，即无过不罚、小过小罚、大过重罚，避免过罚明显失当。法院应当通过着重审查行政相对人的过错程度和违法行为的性质、情节及社会危害程度主客观两个维度，准确判断"过"的大小，充分考量过罚"相当"的因素，包括处罚前科、违法所得、悔错态度及经济能力等情形，合理判定行政处罚种类和处罚幅度，规范行政处罚自由裁量权的合理合法行使，保障行政相对人的合法权益，从而有效实现惩罚与教育相结合。本案二审法院综合考量张某属于小微主体，尚无证据证明其有处罚前科，其主观上并非故意经营农药残留超标的农产品，案涉货值相对较小，且没有已知的危害后果，认为某区市场监督管理局作出的行政处罚明显过罚不当，遂改判处罚行政相对人10000元。

● *相关规定*

《公安机关执行〈中华人民共和国治安管理处罚法〉有关问题的解释》第2条

第十一条　查获违禁品、工具和违法所得财物的处理

办理治安案件所查获的毒品、淫秽物品等违禁品，赌具、赌资，吸食、注射毒品的用具以及直接用于实施违反治安管理行为的本人所有的工具，应当收缴，按照规定处理。

违反治安管理所得的财物，追缴退还被侵害人；没有被侵害人的，登记造册，公开拍卖或者按照国家有关规定处理，所得款项上缴国库。

● **条文注释**

"非法财物"包括毒品、淫秽物品等违禁品，赌具、赌资，吸食、注射毒品的用具以及直接用于实施违反治安管理行为的本人所有的工具，即涉案物品和工具。具体来讲，对办理治安案件收缴的涉案物品、工具和财物规定了三种处理方式：一是对于违禁品、违禁用具和直接用于实施违反治安管理行为的本人所有的工具，收缴后按照规定处理；二是对于被处罚人因违反治安管理非法所得的财物，应当予以追缴并且将其退还给被侵害人；三是如果没有被侵害人，则将追缴财物登记造册后，拍卖或按国家有关规定处理，所得款项上缴国库。公安部发布的《公安机关办理行政案件程序规定》第十一章对"涉案财物的管理和处理"作了系统的规定，具体案件的处理适用这些规定。

● **实用问答**

问：公安机关对于被收缴的财物，如何处理？

答：《公安机关办理行政案件程序规定》第一百九十六条规定："对收缴和追缴的财物，经原决定机关负责人批准，按照下列规定分别处理：（一）属于被侵害人或者善意第三人的合法财物，应当及时

返还；（二）没有被侵害人的，登记造册，按照规定上缴国库或者依法变卖、拍卖后，将所得款项上缴国库；（三）违禁品、没有价值的物品，或者价值轻微，无法变卖、拍卖的物品，统一登记造册后销毁；（四）对无法变卖或者拍卖的危险物品，由县级以上公安机关主管部门组织销毁或者交有关厂家回收。"第一百九十七条规定："对应当退还原主或者当事人的财物，通知原主或者当事人在六个月内来领取；原主不明确的，应当采取公告方式告知原主认领。在通知原主、当事人或者公告后六个月内，无人认领的，按无主财物处理，登记后上缴国库，或者依法变卖或者拍卖后，将所得款项上缴国库。遇有特殊情况的，可酌情延期处理，延长期限最长不超过三个月。"

● *典型案例*

关某某与某区人民政府等其他再审审查与审判监督案①［（2024）京行申 1260 号］

关某某在某胡同使用手持喊话器大音量播放其录制的声音，某区分局对手持喊话器予以收缴。关某某提起行政诉讼，因不服二审判决，申请再审。

《治安管理处罚法》第十一条第一款规定："办理治安案件所查获的毒品、淫秽物品等违禁品，赌具、赌资，吸食、注射毒品的用具以及直接用于实施违反治安管理行为的本人所有的工具，应当收缴，按照规定处理。"某区分局具有对其辖区内涉嫌违反治安管理的违法行为人使用的涉案物品进行收缴的法定职权。某区政府具有对关某某

---

① 参见中国裁判文书网，https：//wenshu. court. gov. cn/website/wenshu/181107ANFZ0BXSK4/index. html？docId = FWAurA1NokHNVS6VKyPGEX/t/0zqo + 9qsOv1fZXXniq3coEO9xMOHPUKq3u + IEo4xrhYIUL6n/Hllb6F6BMZlyN05NRB6QgWvb77MR4zDn7UNL1oDvQTKZTTkux7ikGm，最后访问时间：2025 年 7 月 1 日。

所提行政复议申请进行审查并作出 364 号复议决定的法定职责。本案中，关某某于 2023 年 3 月 7 日在某胡同使用手持喊话器大音量播放其录制的声音，该行为属于扰乱公共场所秩序的违法行为，手持喊话器系关某某本人所有的实施违反治安管理行为所使用的工具，依法应予收缴。某区分局所作收缴物品清单，认定事实清楚，适用法律正确。但由于某区分局于 2023 年 3 月 8 日作出收缴物品清单，于 2023 年 3 月 14 日电话告知关某某，直至 2023 年 5 月 1 日才将收缴物品清单送达关某某，违反《公安机关办理行政案件程序规定》第三十六条规定的送达期限，属于程序违法。因该程序违法情形不影响收缴决定的事实认定和处理结果，某区政府作出 364 号复议决定，确认某区分局作出的收缴物品清单违法，所作决定程序合法，结论正确。原审判决的相关认定并无不当。

● **相关规定**

《公安机关办理行政案件程序规定》第 187-197 条

第十二条　未成年人违法的处罚

已满十四周岁不满十八周岁的人违反治安管理的，从轻或者减轻处罚；不满十四周岁的人违反治安管理的，不予处罚，但是应当责令其监护人严加管教。

● **典型案例**

邓某某组织未成年人进行违反治安管理活动案（人民法院案例库入库编号：2023-02-1-219-001）

组织未成年人进行盗窃、诈骗、抢夺、敲诈勒索等违反治安管理活动的，构成组织未成年人进行违反治安管理活动罪。上述所说的盗窃、诈骗、抢夺、敲诈勒索行为，是未成年人实施的，违反治安管理，不构成犯罪的行为。

● **相关规定**

《公安机关执行〈中华人民共和国治安管理处罚法〉有关问题的解释》第3条；《公安机关执行〈中华人民共和国治安管理处罚法〉有关问题的解释（二）》第3-4条；《公安机关办理行政案件程序规定》第6条、第157条

第十三条 精神病人、智力残疾人违法的处罚

精神病人、智力残疾人在不能辨认或者不能控制自己行为的时候违反治安管理的，不予处罚，但是应当责令其监护人加强看护管理和治疗。间歇性的精神病人在精神正常的时候违反治安管理的，应当给予处罚。尚未完全丧失辨认或者控制自己行为能力的精神病人、智力残疾人违反治安管理的，应当给予处罚，但是可以从轻或者减轻处罚。

● **条文注释**

间歇性的精神病人，是指精神并非一直处于错乱状态而完全丧失辨认或者不能控制自己行为能力的精神病人。这种精神病人的精神时而正常，时而不正常。在精神正常的情况下，头脑是清醒的，具有辨认或者控制自己行为的能力；在发病的时候，就丧失了辨认是非和控制自己行为的能力，即其精神病是处于间断性发作的状态。基于精神病人的这一特点，本条对其处罚作了特别的规定，即当精神病人、智力残疾人在不能辨认或者不能控制自己行为的时候违反治安管理的，不予处罚，在精神正常的时候违反治安管理的，应当给予处罚。

● **实用问答**

问：精神病人违反治安管理造成他人损害的，由谁承担赔偿责任？

答：精神病人在不能辨认或者不能控制自己的行为的时候违反治安管理，对他人造成损害的，依据本法第八条第一款的规定："违反治安管理的行为对他人造成损害的，除依照本法给予治安管理处罚外，行为人或者其监护人还应当依法承担民事责任。"此外，《人民警察法》第十四条规定："公安机关的人民警察对严重危害公共安全或者他人人身安全的精神病人，可以采取保护性约束措施。需要送往指定的单位、场所加以监护的，应当报请县级以上人民政府公安机关批准，并及时通知其监护人。"可见，监护人对于精神病人造成的损害承担着赔偿责任。

● **典型案例**

王某绑架、强制猥亵案[（2020）浙0481刑初125号　人民法院案例库入库编号：2024-02-1-187-001]

被告人为精神病人的，其刑事责任能力的认定，要结合被告人的既往病史、法医精神病鉴定意见、案发时被告人的作案目的、动机、方式以及作案过程、作案前后表现等具体情况判断。被告人被法医精神病鉴定意见认定为限定刑事责任能力的，应当根据被告人实施危害行为时辨认能力或控制能力减弱的程度，综合考虑犯罪的事实、性质、情节、后果以及被告人的主观恶性和人身危险性等，结合所有法定、酌定量刑情节，决定是否予以从宽处罚以及从宽处罚的幅度。

● **相关规定**

《公安机关执行〈中华人民共和国治安管理处罚法〉有关问题的解释》第3条；《公安机关办理行政案件程序规定》第158条

第十四条 盲人或聋哑人违法的处罚

盲人或者又聋又哑的人违反治安管理的，可以从轻、减轻或者不予处罚。

● **条文注释**

本条是关于盲人和又聋又哑的人违反治安管理的处罚的规定。《刑法》第十九条规定了相应的刑事责任，《行政处罚法》对此没有作出相应的规定。本条在适用的时候，需要注意的是：首先，由于盲人、又聋又哑的人本身精神是健全的，并不会因自身残疾而完全丧失分辨是非和控制行为的能力，所以当其违反治安管理，给社会造成危害时，应当承担相应的法律责任。其次，这类特殊人群由于具有明显的生理缺陷，接受教育、了解事物等方面都受到一定的限制和影响，其辨认事物和控制行为的能力可能会受到生理缺陷的影响，故可以对其从轻、减轻或不予处罚，注意这里是"可以"而非"应当"。

● **典型案例**

吉某与某市某区人民政府、某市某区公安局行政处罚案[1] [（2023）渝0152行初32号]

蒋某给吉某家安装窗户框架后，双方因质量问题发生分歧。蒋某再次到吉某家商量安装窗框的解决办法，由于双方意见不一致，发生口角谩骂，继而吉某与蒋某发生推搡抓打，吉某和蒋某头部受伤均为轻微伤。根据《中华人民共和国治安管理处罚法》第四十三条第一款

---

[1] 参见中国裁判文书网，https://wenshu.court.gc.cn/website/wenshu/181107ANFZ0BXSK4/index.html?docId = eX0NdUhOs0OQ/92Leb8B8 + xQo6xDaz0Ni5aspb + lUd/WpO7tmgSDMfUKq3u + IEo4xrhYIUL6n/HlIb6F6BMZlyN05NRB6QgWvb77MR4zDn5vw74HdH2uboP8vl4BWoZ2，最后访问时间：2025年7月18日。

之规定，决定给予吉某行政拘留5日，并处罚款200元的行政处罚。吉某不服，申请行政复议，某区人民政府《行政复议决定书》，维持了被诉行政处罚决定。

我国法律建立对未成年人、妇女、老年人、残疾人等弱势群体的权益保护机制，在立法上对处于社会弱势地位的人群的权益保障予以适当倾斜，目的是实现"公民在法律面前一律平等"的宪法原则，同时充分展现了中华民族的传统美德。但是，弱势群体的身份不是从事违法行为的"通行证"，亦不是违法行为应受到处罚的"挡箭牌"。原告认为，自己是女人应当在本案行政处罚中予以特殊照顾，减轻或从轻处罚的观点，不仅不符合社会主义核心价值观，亦无相关法律依据，故本院不予支持。此外，《中华人民共和国治安管理处罚法》第十三条、第十四条分别对精神病人、盲人或者又聋又哑的人违反治安管理的，规定了相应可从轻、减轻或者不予处罚情形，但本案原告属于肢体残疾不在上述规定范围内，不应适用上述规定。

● **相关规定**

《公安机关执行〈中华人民共和国治安管理处罚法〉有关问题的解释》第3条；《公安机关执行〈中华人民共和国治安管理处罚法〉有关问题的解释（二）》第4条

第十五条　醉酒的人违法的处罚

醉酒的人违反治安管理的，应当给予处罚。

醉酒的人在醉酒状态中，对本人有危险或者对他人的人身、财产或者公共安全有威胁的，应当对其采取保护性措施约束至酒醒。

● **条文注释**

醉酒是行为人在清醒状态时不控制自己的饮酒量，放纵自己所致，完全是个人行为导致的辨别、控制能力下降的状态。醉酒人控制自己行为的能力减弱，是在酒精作用下其神经系统发生一定程度的暂时性紊乱所致，与精神病人发病原理完全不同。所以醉酒的人违反治安管理的，仍要接受处罚，不能从轻、减轻或免予追究其法律责任。

若醉酒的人由于酒精刺激而处于行为失控状态，耍酒疯、胡打乱闹，极易肇事，对其本人及他人的安全都有威胁，这种情况下，公安机关有权依法对醉酒的人加以约束，直至其恢复常态。

● **实用问答**

问：对醉酒的人采取的保护性措施包括哪些？

答：《公安机关办理行政案件程序规定》第五十八条第一款规定："违法嫌疑人在醉酒状态中，对本人有危险或者对他人的人身、财产或者公共安全有威胁的，可以对其采取保护性措施约束至酒醒，也可以通知其家属、亲友或者所属单位将其领回看管，必要时，应当送医院醒酒。对行为举止失控的醉酒人，可以使用约束带或者警绳等进行约束，但是不得使用手铐、脚镣等警械。"

● **相关规定**

《公安机关办理行政案件程序规定》第58条

第十六条 有两种以上违法行为的处罚

有两种以上违反治安管理行为的，分别决定，合并执行处罚。行政拘留处罚合并执行的，最长不超过二十日。

● *实用问答*

问：有两种以上违反治安管理行为的，分别决定时，决定书如何制作？

答：根据《公安机关办理行政案件程序规定》第一百六十一条的规定："一人有两种以上违法行为的，分别决定，合并执行，可以制作一份决定书，分别写明对每种违法行为的处理内容和合并执行的内容。一个案件有多个违法行为人的，分别决定，可以制作一式多份决定书，写明给予每个人的处理决定，分别送达每一个违法行为人。"

● *相关规定*

《公安机关办理行政案件程序规定》第 161 条

第十七条　共同违法行为的处罚

共同违反治安管理的，根据行为人在违反治安管理行为中所起的作用，分别处罚。

教唆、胁迫、诱骗他人违反治安管理的，按照其教唆、胁迫、诱骗的行为处罚。

● *相关规定*

《公安机关执行〈中华人民共和国治安管理处罚法〉有关问题的解释》第 3 条

第十八条　单位违法行为的处罚

单位违反治安管理的，对其直接负责的主管人员和其他直接责任人员依照本法的规定处罚。其他法律、行政法规对同一行为规定给予单位处罚的，依照其规定处罚。

● **条文注释**

单位违反治安管理是指公司、企业、事业单位、机关、团体实施了依法应当给予治安管理处罚的危害社会的行为。关于"单位"的范围，应当参考《刑法》的规定，即单位包括：公司、企业、事业单位、机关、团体，因为本法是与刑法相互衔接的一部法律。单位违反治安管理是在单位意志的支配下，由单位成员实施违法行为，单位只是一个拟制人，但是其确实是一个独立的主体。关于单位违反治安管理的处罚，采取对自然人处罚为主，对单位处罚为辅的原则（双罚制），即主要针对直接负责的主管人员和其他直接责任人员进行处罚，如果有其他法律、行政法规对同一行为规定了对单位的处罚的，则依照相关法律、行政法规的规定，即原则上对单位不予处罚，只有当法律、行政法规规定对单位给予处罚时，才可以对单位进行处罚。

● **实用问答**

问：如何适用《治安管理处罚法》第十八条？[①]

答：单位违反治安管理，其他法律、行政法规对同一行为没有规定给予单位处罚的，不对单位予以处罚，但应依照《治安管理处罚法》的规定，对其直接负责的主管人员和其他直接责任人员予以处罚。

● **相关规定**

《公安机关执行〈中华人民共和国治安管理处罚法〉有关问题的解释》第 4 条

[①] 参见《公安部关于如何执行〈治安管理处罚法〉第十八条规定问题的批复》，载公安部网站，https://app.mps.gov.cn/gdnps/pc/content.jsp?id=7438470，最后访问时间：2025 年 6 月 23 日。

第十九条　正当防卫

为了免受正在进行的不法侵害而采取的制止行为，造成损害的，不属于违反治安管理行为，不受处罚；制止行为明显超过必要限度，造成较大损害的，依法给予处罚，但是应当减轻处罚；情节较轻的，不予处罚。

● **典型案例**

郭某兰诉某县公安局行政处罚案［（2023）桂01行终248号　人民法院案例案入库编号：2024-12-3-001-022］

在当事人因琐事引发争执、导致双方动手的案件中，应当准确区分互殴和正当防卫的界限，避免简单机械地将任何形式的肢体冲突都认定为互殴。在区分时，需要全面考量案件的各种客观情节，包括事情的起因、对冲突的升级是否有过错、是否采取了明显不当的暴力等情节。一方当事人在无过错的情况下，面对他人不合理怀疑和过激攻击，若采取的反应手段在适度范围内，情节和损害后果等方面没有超过合理限度，属于正当防卫的范畴。

第二十条　从轻、减轻处罚或不予处罚的情形

违反治安管理有下列情形之一的，从轻、减轻或者不予处罚：
（一）情节轻微的；
（二）主动消除或者减轻违法后果的；
（三）取得被侵害人谅解的；
（四）出于他人胁迫或者诱骗的；
（五）主动投案，向公安机关如实陈述自己的违法行为的；
（六）有立功表现的。

● **实用问答**

1. 问：违法行为轻微并且及时纠正的，如何处理？

答：对于违法行为轻微并且及时纠正的情形，依据《公安机关办理行政案件程序规定》第一百五十九条第二款的规定："违法行为轻微并及时纠正，没有造成危害后果的，不予行政处罚。"可见其应当适用《公安机关办理行政案件程序规定》第一百五十九条第二款或者是《行政处罚法》第二十七条的规定。

2. 问：如何理解"减轻处罚"？

答：《公安机关执行〈中华人民共和国治安管理处罚法〉有关问题的解释（二）》第四条规定："违反治安管理行为人具有《治安管理处罚法》第十二条、第十四条、第十九条减轻处罚情节的，按下列规定适用：（一）法定处罚种类只有一种，在该法定处罚种类的幅度以下减轻处罚；（二）法定处罚种类只有一种，在该法定处罚种类的幅度以下无法再减轻处罚的，不予处罚；（三）规定拘留并处罚款的，在法定处罚幅度以下单独或者同时减轻拘留和罚款，或者在法定处罚幅度内单处拘留；（四）规定拘留可以并处罚款的，在拘留的法定处罚幅度以下减轻处罚；在拘留的法定处罚幅度以下无法再减轻处罚的，不予处罚。"

● **典型案例**

杨某诉某市人民政府行政复议案［海南省高级人民法院（2022）琼行终191号 人民法院案例库入库编号：2025-12-3-001-007］

当事人达成和解固然有利于化解社会矛盾，可以作为不予处罚和减轻处罚的酌定情节。但即便当事人没有达成和解，行为人违反治安管理处罚法的行为属于该法规定的不予处罚或减轻处罚的情形的，依法应当不予处罚或减轻处罚，而不能以未达成和解为由予以处罚或不减轻处罚。

● **相关规定**

《公安机关执行〈中华人民共和国治安管理处罚法〉有关问题的解释》第3条；《公安机关执行〈中华人民共和国治安管理处罚法〉有关问题的解释（二）》第4条；《公安机关办理行政案件程序规定》第159条

第二十一条　如实陈述从宽处理

违反治安管理行为人自愿向公安机关如实陈述自己的违法行为，承认违法事实，愿意接受处罚的，可以依法从宽处理。

第二十二条　从重处罚的情形

违反治安管理有下列情形之一的，从重处罚：
（一）有较严重后果的；
（二）教唆、胁迫、诱骗他人违反治安管理的；
（三）对报案人、控告人、举报人、证人打击报复的；
（四）一年以内曾受过治安管理处罚的。

● **典型案例**

刘某与某市公安局某分局行政案[1] [（2024）京02行终1359号]

根据某市公安局某分局提交的勘验笔录、现场图、现场照片和视频、证据保全清单中的信访材料、对刘某的询问笔录等在案证据，某市公安局某分局在被诉处罚决定中认定刘某存在到某区政府正门处上

---

[1] 参见中国裁判文书网，https://wenshu.court.gov.cn/website/wenshu/181107ANFZ0BXSK4/index.html?docId=m/Z/wv2XqqQoHx0YU4k2ZhRpNYHD+xmfMlXlY8zyMfzgTFd5cVYis/UKq3u+IEo4xrhYIUL6n/HlIb6F6BMZlyN05NRB6QgWvb77MR4zDn7v6gjgSzrYJ6eZC7NHa4Lg，最后访问时间：2025年7月18日。

访反映问题并长时间滞留的行为，认定事实清楚，证据确凿。对于是否扰乱公共场所秩序的问题，需要结合刘某的滞留地点、滞留的主观目的、造成的影响等情节来综合认定，本案中，刘某在非信访接待场所反映其信访诉求，在民警告知其到信访办反映问题后仍滞留现场，其行为引发路人围观并影响到某区政府工作区域车辆出入。某市公安局某分局根据上述证据材料，结合刘某在六个月内曾受过治安管理处罚的情形，认定刘某的行为符合《中华人民共和国治安管理处罚法》第二十三条第一款第二项，并按照《中华人民共和国治安管理处罚法》第二十条第一款第四项从重处罚，给予刘某七日拘留处罚，适用法律正确，量罚恰当。

● **相关规定**

《公安机关办理行政案件程序规定》第 160 条

第二十三条　应给予行政拘留处罚而不予执行的情形

违反治安管理行为人有下列情形之一，依照本法应当给予行政拘留处罚的，不执行行政拘留处罚：

（一）已满十四周岁不满十六周岁的；

（二）已满十六周岁不满十八周岁，初次违反治安管理的；

（三）七十周岁以上的；

（四）怀孕或者哺乳自己不满一周岁婴儿的。

前款第一项、第二项、第三项规定的行为人违反治安管理情节严重、影响恶劣的，或者第一项、第三项规定的行为人在一年以内二次以上违反治安管理的，不受前款规定的限制。

● **相关规定**

《公安机关执行〈中华人民共和国治安管理处罚法〉有关问题的解释（二）》第5条

第二十四条 矫治教育措施

对依照本法第十二条规定不予处罚或者依照本法第二十三条规定不执行行政拘留处罚的未成年人，公安机关依照《中华人民共和国预防未成年人犯罪法》的规定采取相应矫治教育等措施。

● **典型案例**

未成年戒毒人员刘某的教育矫治案例[①]

未成年戒毒人员的生理、心理发展特点与成年戒毒人员有明显差异。安徽省南湖强制隔离戒毒所针对一起未成年人戒毒案例，深入研究探索，运用改变不合理认知、情绪疏导和亲情帮教等方法，帮助未成年戒毒人员消除不良情绪，建立正确认知，激发戒毒动机，塑造积极人格，增强社会适应能力，取得了较好的戒治效果。

（1）心理干预要细致入微。未成年人心理状态复杂易变，刘某又身在强制隔离场所这一特殊环境中，需要对其做好心理调适。这就要求戒毒民警不仅要关注日常行为表现，还要敏锐地捕捉其情绪波动，及时干预，逐步消除其恐惧情绪，建立信任关系，引导他们树立理性平和、积极向上的心态。此外，针对个性差异，如自闭等特质，应采取更加温和耐心的沟通方式，促进其情感表达，提高其社会功能。

---

① 《未成年戒毒人员刘某的教育矫治案例》，载司法行政（法律服务）案例库网站，https://alk.12348.gov.cn/Detail?dbID=25&dbName=JDJZ&sysID=9946，最后访问时间：2025年7月18日。

（2）教育矫正要全面深入。针对未成年戒毒人员存在的知识盲区，教育矫正需要覆盖法律常识、毒品危害、社会责任等内容。教育方式要多样化，采用如理论教学、实例分享、互动讨论等方式，帮助他们认识到毒品的危害，提升其自我保护与社会适应能力，形成保护性价值观。

（3）亲情帮教要运用得当。家庭在戒毒过程中扮演着不可或缺的角色。对于未成年戒毒人员，亲情帮教如果运用得当，能够发挥很好的正面激励作用。通过亲情会见、亲情电话、书信往来等方式，开展亲情帮教，发挥亲情的力量，可以有效帮助未成年戒毒人员缓解、消除孤独感和焦虑感，激发戒毒动机，坚定戒毒信心。

● **相关规定**

《预防未成年人犯罪法》第40-44条

第二十五条　追究时效

违反治安管理行为在六个月以内没有被公安机关发现的，不再处罚。

前款规定的期限，从违反治安管理行为发生之日起计算；违反治安管理行为有连续或者继续状态的，从行为终了之日起计算。

● **实用问答**

问：违反治安管理行为的被侵害人在追究时效内向公安机关提出控告，公安机关应受理而不受理的，如何计算追诉时效？

答：《公安机关办理行政案件程序规定》第一百五十四条规定："违反治安管理行为在六个月内没有被公安机关发现，其他违法行为在二年内没有被公安机关发现的，不再给予行政处罚。前款规定的期限，从违法行为发生之日起计算，违法行为有连续、继续或者持续状态的，从行为终了之日起计算。被侵害人在违法行为追究时效内向公安机关控告，公安机关应当受理而不受理的，不受本条第一款追究时效的限制。"因此，违反治安管理行为的被侵害人在追究时效内向公安机关提出控告，公安机关应受理而不受理的，违反治安管理的追究时效应当终止，即违反治安管理行为人要受到永久性的、无期限的追究。因为，违反治安管理行为的被侵害人在追究时效内向公安机关提出控告，表明该行为已经被公安机关发现。

● **相关规定**

《公安机关执行〈中华人民共和国治安管理处罚法〉有关问题的解释》第3条；《公安机关办理行政案件程序规定》第154条

第三章 违反治安管理的行为和处罚

第一节 扰乱公共秩序的行为和处罚

第二十六条 对扰乱单位、公共场所、公共交通和选举秩序行为的处罚

有下列行为之一的，处警告或者五百元以下罚款；情节较重的，处五日以上十日以下拘留，可以并处一千元以下罚款：

（一）扰乱机关、团体、企业、事业单位秩序，致使工作、生产、营业、医疗、教学、科研不能正常进行，尚未造成严重损失的；

（二）扰乱车站、港口、码头、机场、商场、公园、展览馆或者其他公共场所秩序的；

（三）扰乱公共汽车、电车、城市轨道交通车辆、火车、船舶、航空器或者其他公共交通工具上的秩序的；

（四）非法拦截或者强登、扒乘机动车、船舶、航空器以及其他交通工具，影响交通工具正常行驶的；

（五）破坏依法进行的选举秩序的。

聚众实施前款行为的，对首要分子处十日以上十五日以下拘留，可以并处二千元以下罚款。

● 典型案例

熊某与某市公安局治安处罚纠纷上诉案[1][（2020）鄂02行终164号]

部分村民以征地未经他们同意为由，阻止当地工地施工。熊某路过发现后，也进入工地，和村民一起阻止施工。施工方某市金某房地产开发有限公司报警后，某市公安局金湖派出所民警到现场处置。经劝离无效，某市公安局金湖派出所民警将熊某及部分村民依法传唤到金湖派出所。依照法定程序，某市公安局经调查，认为熊某阻止工程正常施工，扰乱单位秩序，依照《治安管理处罚法》第二十三条第一款第（一）项之规定，作出某市公安局冶公（湖）行罚决字（2019）6331号《行政处罚决定书》，对熊某行政拘留十日（已执行）。熊某不服，向某市人民政府提起行政复议，要求撤销某市公安局的行政处罚。

本案被诉行政行为为某市公安局作出冶公（湖）行罚决字

---

[1] 参见中国裁判文书网，https://wenshu.court.gov.cn/website/wenshu/181107ANFZ0BXSK4/index.html?docId=y/aTDB1fzWpv8d9+bfjpks8Ob67YXLuX/7NLMK+lLbNpXbR14UX3+/UKq3u+IEo4xrhYIUL6n/HlIb6F6BMZlyN05NRB6QgWvb77MR4zDn7P9bqfVcx+qqwLDCHks76N，最后访问时间：2025年6月27日。

33

(2019) 6331 号《行政处罚决定书》的行为。某市公安局认定：熊某、熊永某等人于 2019 年 11 月 14 日 8 时许，以熊家洲大道龙吟湾施工工地征地手续未经其同意为由，阻挠工地正常施工。根据《治安管理处罚法》第二十三条第一款第（一）项之规定，决定对熊某处以行政拘留十日的处罚。以上事实，有某市公安局在一审中提供的受案登记表、对熊某的询问笔录、证人证言、行政处罚告知笔录等证据予以证明，熊某在询问笔录中对上述违法事实也予以承认。据此，某市公安局认定熊某实施了扰乱单位经营秩序的违法行为，证据确实充分。熊某因土地纠纷采取非法阻挠施工单位正常施工的行为，影响了企业的正常生产经营秩序，某市公安局依据《治安管理处罚法》第二十三条第一款第（一）项的规定，对熊某处以治安拘留十日的处罚，适用法律正确，处罚幅度适当。

● **相关规定**

《刑法》第 256 条、第 290-291 条；《全国人民代表大会和地方各级人民代表大会选举法》；《公安机关执行〈中华人民共和国治安管理处罚法〉有关问题的解释（二）》第 6 条；《违反公安行政管理行为的名称及其适用意见》第 24-33 条

第二十七条　对扰乱考试秩序行为的处罚

在法律、行政法规规定的国家考试中，有下列行为之一，扰乱考试秩序的，处违法所得一倍以上五倍以下罚款，没有违法所得或者违法所得不足一千元的，处一千元以上三千元以下罚款；情节较重的，处五日以上十五日以下拘留：

（一）组织作弊的；

（二）为他人组织作弊提供作弊器材或者其他帮助的；

（三）为实施考试作弊行为，向他人非法出售、提供考试试题、答案的；
（四）代替他人或者让他人代替自己参加考试的。

● *相关规定*

《刑法》第284条之一

第二十八条 对扰乱体育、文化等大型群众性活动秩序行为的处罚

有下列行为之一，扰乱体育、文化等大型群众性活动秩序的，处警告或者五百元以下罚款；情节严重的，处五日以上十日以下拘留，可以并处一千元以下罚款：
（一）强行进入场内的；
（二）违反规定，在场内燃放烟花爆竹或者其他物品的；
（三）展示侮辱性标语、条幅等物品的；
（四）围攻裁判员、运动员或者其他工作人员的；
（五）向场内投掷杂物，不听制止的；
（六）扰乱大型群众性活动秩序的其他行为。

因扰乱体育比赛、文艺演出活动秩序被处以拘留处罚的，可以同时责令其六个月至一年以内不得进入体育场馆、演出场馆观看同类比赛、演出；违反规定进入体育场馆、演出场馆的，强行带离现场，可以处五日以下拘留或者一千元以下罚款。

● *条文注释*

大型群众性活动的举行需要有一个良好的秩序保障。大型群众性活动的主办方会设定一些条件，确定其与参与者之间的权利义务，以

及入场的凭证等。此外，为了保证活动的顺利进行，对于活动的主要参加者，如运动员、裁判员和其他工作人员，应当保证他们的人身和财产安全。因此，本条第一款规定了应当给予罚款、拘留行政处罚的扰乱大型群众性活动秩序行为的具体情形。这六项所列行为虽然形式各异，但都对大型群众性活动的秩序产生不良影响，干扰了活动的正常进行，甚至会导致更加严重的后果，造成人身伤害和财产损失，故应当予以禁止和处罚。第二款是针对因扰乱体育比赛、文艺演出活动秩序被处以拘留处罚的人所作的特别规定，即可以同时责令其六个月至一年以内不得进入体育场馆、演出场馆观看同类比赛、演出；违反规定进入者，强行带离，处五日以下拘留或者一千元以下罚款。

● **相关规定**

《烟花爆竹安全管理条例》第 3 条、第 5 条、第 28-35 条、第 42 条；《违反公安行政管理行为的名称及其适用意见》第 34-39 条

第二十九条　对扰乱公共秩序行为的处罚

有下列行为之一的，处五日以上十日以下拘留，可以并处一千元以下罚款；情节较轻的，处五日以下拘留或者一千元以下罚款：

（一）故意散布谣言，谎报险情、疫情、灾情、警情或者以其他方法故意扰乱公共秩序的；

（二）投放虚假的爆炸性、毒害性、放射性、腐蚀性物质或者传染病病原体等危险物质扰乱公共秩序的；

（三）扬言实施放火、爆炸、投放危险物质等危害公共安全犯罪行为扰乱公共秩序的。

● 典型案例

1. 江西公安机关查处曹某某频繁编造涉"江西胡某某失踪事件"网络谣言案[①]（公安部公布网络谣言打击整治专项行动 10 起典型案例）

2022 年 11 月以来，江西曹某某为吸粉引流，在网络平台频繁发布"胡某某尸体是假的""胡某某家属被公安机关抓获"等谣言信息，累计点赞 6 万次、评论 1 万余条。江西联合工作专班通报调查情况后，曹某某仍然罔顾事实，持续编造传播相关谣言，并为博取关注携粉丝前往某中学旁开启直播，扰乱社会公共秩序。江西宜春公安机关依法调查，曹某某对违法犯罪事实供认不讳。目前，江西宜春公安机关已对曹某某依法采取刑事拘留强制措施，对其造谣网络账号采取关停措施。

2. 安徽公安机关依法查处郁某某编造"烧烤摊打架致一死一伤"网络谣言案（公安部公布网络谣言打击整治专项行动 10 起典型案例）

2023 年 5 月，安徽郁某某为博取流量，在明知某市中央广场露天烧烤摊邻桌之间发生纠纷，执勤民警现场及时调解处理，无人员受伤的情况下，在网络平台编造发布"没出息，吃个烧烤还能干死一个"谣言信息，扰乱社会公共秩序。安徽滁州公安机关依法调查，郁某某对违法行为供认不讳。目前，安徽滁州公安机关依法对郁某某处以行政拘留的处罚，对其造谣网络账号采取关停措施。

3. 湖南公安机关依法查处杨某某、曾某某编造"多名孩子被偷，疑似被贩卖器官"网络谣言案（公安部公布网络谣言打击整治专项行动 10 起典型案例）

2023 年 5 月，湖南杨某某、曾某某为博取关注，在网络平台编造

[①]《公安部公布网络谣言打击整治专项行动 10 起典型案例》，载公安部网站，https://app.mps.gov.cn/gdnps/pc/content.jsp?id=9045590，最后访问时间：2025 年 6 月 25 日，下同。

发布"某某镇和某某镇连续丢失多名孩子,还有一个孩子刚被陌生人迷晕即被公安机关发现、抓获""这个团伙专偷7岁以上孩子,可能是要人体器官,比如肾脏什么的"谣言信息。该信息被大量转发,引发当地公众热议,扰乱社会公共秩序。湖南公安机关依法调查,杨某某、曾某某对违法行为供认不讳。目前,湖南公安机关已对杨某某、曾某某处以行政处罚,对其造谣网络账号采取关停措施。

4. 上海公安机关依法查处孟某、张某某等人编造"幼儿园女教师卖淫被抓"网络谣言案(公安部公布网络谣言打击整治专项行动10起典型案例)

2023年5月,上海孟某、张某某等人为博取关注,在网络平台编造发布"上海某幼儿园有3名女教师卖淫被抓"谣言信息。相关谣言信息被大量转发扩散,扰乱社会公共秩序。上海公安机关依法调查,孟某、张某某等人对违法犯罪事实供认不讳。目前,上海公安机关已对孟某、张某某等人采取刑事强制措施,对其造谣网络账号采取关停措施。

5. 贵州公安机关依法查处宋某某编造"14岁女孩被强迫结婚"网络谣言案(公安部公布网络谣言打击整治专项行动10起典型案例)

2023年5月,贵州宋某某为博取关注,在网络平台发布一段结婚现场视频并在回复网民评论时编造"事件发生在贵州毕节七星关区,父母将14岁女孩嫁人"谣言信息。随后相关谣言信息被大量转发扩散,扰乱社会公共秩序。贵州毕节公安机关依法调查,宋某某对违法行为供认不讳。目前,贵州公安机关已对宋某某采取刑事措施,对其造谣网络账号采取关停措施。

6. 云南公安机关依法查处郑某某编造"本村村民自述去缅甸北打工被割腰子"网络谣言案（公安部公布网络谣言打击整治专项行动10起典型案例）

2023年3月，云南郑某某为博取流量关注，在网络平台编造发布"我村村民自述去缅甸北打工被割腰子"的谣言信息，扰乱社会公共秩序。相关谣言信息被大量转发，造成恶劣影响。云南公安机关依法调查，郑某某对违法行为供认不讳。目前，云南公安机关已对郑某某处以行政拘留5日并处200元罚款的处罚，对其用于造谣网络账号采取关停措施。

7. 陕西公安机关依法查处李某编造网络谣言实施敲诈勒索案（公安部公布网络谣言打击整治专项行动10起典型案例）

2023年4月，陕西李某通过编造谣言信息向西安某商业场所王经理实施敲诈勒索获利6000余元。经陕西公安机关依法调查，李某曾多次以编造网络谣言的方式进行敲诈勒索，共获利4.5万余元。陕西公安机关依法调查，李某对违法犯罪事实供认不讳。目前，陕西公安机关已依法对李某采取刑事拘留强制措施，对其用于造谣网络账号采取关停措施。

8. 安徽公安机关依法查处陈某某编造"蒙城失联爷孙尸体被剖开"网络谣言案（公安部公布网络谣言打击整治专项行动10起典型案例）

2023年4月，安徽淮南陈某某在"安徽蒙城失联爷孙尸体被找到"新闻评论区编造发布"两个都是被刨开，器官都没了"的谣言信息，故意造成社会恐慌，扰乱社会公共秩序。安徽公安机关依法调查，陈某某对违法行为供认不讳。目前，安徽公安机关依法对陈某某处以行政处罚，对其用于造谣网络账号采取关停措施。

9. 丁某诉上海铁路公安局上海公安处、上海铁路公安局行政处罚及行政复议案［（2019）沪03行终558号 人民法院案例库入库编号：2024-12-3-001-021］

（1）火车站候车厅和检票口属于供不特定人群停留、等候的公共场所，进入该场所的人员应当自觉遵守车站管理秩序，听从工作人员指挥和安排。故意违反安检规定，不听从工作人员现场指挥，造成公共秩序混乱的，属于《治安管理处罚法》第二十三条规定的"扰乱公共场所秩序"的行为。（2）认定扰乱公共场所秩序"情节较重"的情形，可以从行为方式和危害结果等方面综合考虑。从行为方面看，采用推搡、拉扯等方式试图冲闯关卡，与工作人员发生肢体碰撞，手段和方式较为激烈的；从结果方面来看，引起通道挤占、岗位瘫痪，导致车站秩序失控，社会影响恶劣的，应当认定为扰乱公共场所秩序"情节较重"的情形。

● **相关规定**

《刑法》第291条之一；《违反公安行政管理行为的名称及其适用意见》第40-42条

第三十条 对寻衅滋事行为的处罚

有下列行为之一的，处五日以上十日以下拘留或者一千元以下罚款；情节较重的，处十日以上十五日以下拘留，可以并处二千元以下罚款：

（一）结伙斗殴或者随意殴打他人的；

（二）追逐、拦截他人的；

（三）强拿硬要或者任意损毁、占用公私财物的；

（四）其他无故侵扰他人、扰乱社会秩序的寻衅滋事行为。

● **实用问答**

1. 问：结伙斗殴的违法行为与聚众斗殴罪有什么区别？

答：根据《刑法》第二百九十二条的规定，聚众斗殴罪是指（在首要分子的组织、策划、指挥下）出于私仇、争霸或者其他不正当目的而纠集多人成帮结伙地进行打架斗殴的行为。二者的区别主要体现在情节和危害结果不同。结伙斗殴行为虽然有时也会侵犯他人的人身权利和财产权利，但情节较轻，危害不大；聚众斗殴罪情节严重，社会影响恶劣，而且常常造成人身伤亡和重大财产损失的严重后果。

2. 问：寻衅滋事行为与寻衅滋事罪有什么区别？

答：根据《刑法》第二百九十三条的规定，寻衅滋事罪，是指随意殴打他人，追逐、拦截、辱骂、恐吓他人情节恶劣的，强拿硬要或者任意损毁、占用公私财物，情节严重的，在公共场所起哄闹事，造成公共场所秩序严重混乱的行为。两者区别的关键在于情节是否恶劣。寻衅滋事行为的情节较轻，尚未造成严重后果；构成寻衅滋事罪必须是情节恶劣、后果严重，如多次殴打他人取乐，引起公愤；多次殴打他人致人轻伤，结伙、持械追逐、拦截他人，追逐、拦截妇女造成恶劣影响或严重后果等。

● **相关规定**

《刑法》第293条；《违反公安行政管理行为的名称及其适用意见》第43条

第三十一条 对利用封建迷信、会道门进行非法活动行为的处罚

有下列行为之一的，处十日以上十五日以下拘留，可以并处二千元以下罚款；情节较轻的，处五日以上十日以下拘留，可以并处一千元以下罚款：

（一）组织、教唆、胁迫、诱骗、煽动他人从事邪教活动、会道门活动、非法的宗教活动或者利用邪教组织、会道门、迷信活动，扰乱社会秩序、损害他人身体健康的；

（二）冒用宗教、气功名义进行扰乱社会秩序、损害他人身体健康活动的；

（三）制作、传播宣扬邪教、会道门内容的物品、信息、资料的。

● **相关规定**

《刑法》第300条；《宗教事务条例》；《违反公安行政管理行为的名称及其适用意见》第44-46条

第三十二条 对干扰无线电业务及无线电台（站）行为的处罚

违反国家规定，有下列行为之一的，处五日以上十日以下拘留；情节严重的，处十日以上十五日以下拘留：

（一）故意干扰无线电业务正常进行的；

（二）对正常运行的无线电台（站）产生有害干扰，经有关主管部门指出后，拒不采取有效措施消除的；

（三）未经批准设置无线电广播电台、通信基站等无线电台（站）的，或者非法使用、占用无线电频率，从事违法活动的。

● **条文注释**

实践中，一般发生的各种干扰事件绝大多数是由于非法使用无线通信设备或者违规产品造成的，如擅自使用大功率的无绳电话、机动车擅自安装无线通信设施和设备、有线电视放大器、私设电台等行为。

● **相关规定**

《违反公安行政管理行为的名称及其适用意见》第 47-48 条

第三十三条　对侵入、破坏计算机信息系统行为的处罚

有下列行为之一，造成危害的，处五日以下拘留；情节较重的，处五日以上十五日以下拘留：

（一）违反国家规定，侵入计算机信息系统或者采用其他技术手段，获取计算机信息系统中存储、处理或者传输的数据，或者对计算机信息系统实施非法控制的；

（二）违反国家规定，对计算机信息系统功能进行删除、修改、增加、干扰的；

（三）违反国家规定，对计算机信息系统中存储、处理、传输的数据和应用程序进行删除、修改、增加的；

（四）故意制作、传播计算机病毒等破坏性程序的；

（五）提供专门用于侵入、非法控制计算机信息系统的程序、工具，或者明知他人实施侵入、非法控制计算机信息系统的违法犯罪行为而为其提供程序、工具的。

● **条文注释**

非法侵入计算机信息系统的行为是指违反国家规定，侵入计算机信息系统，且造成一定损害后果的行为。

破坏计算机信息系统的行为是指违反国家有关规定，对计算机信息系统功能或计算机信息系统中存储、处理或者传输的数据和应用程序进行破坏，使计算机信息系统不能正常运行，后果尚不严重的行为。目前，此种行为主要有：破坏计算机信息系统功能的行为，破坏计算机信

息系统数据和应用程序的行为，制作、传播计算机病毒的行为等。

● **典型案例**

安徽六安姚某友提供有偿网络攻击服务案[①]（公安部公布打击黑客犯罪十大典型案例）

2023年4月，六安网安部门在工作中发现，霍山县居民姚某友搭建DDoS攻击平台并提供有偿攻击服务。经查，犯罪嫌疑人姚某友等人利用境外聊天工具组建群组进行勾连，通过搭建DDoS攻击平台等为他人有偿提供攻击服务，形成了一条集发单、接单、技术帮助、网络教学为一体的DDoS攻击网络黑产利益链条。2023年6月，六安警方开展集中收网，抓获犯罪嫌疑人3名，扣押涉案电子设备4部，查处涉案数字货币钱包2个，查扣涉案资金48万余元。

● **相关规定**

《刑法》第285-286条；《计算机信息系统安全保护条例》第7条、第20条、第23-24条、第26条；《互联网上网服务营业场所管理条例》第15条；《计算机信息网络国际联网安全保护管理办法》第6条、第20条；《违反公安行政管理行为的名称及其适用意见》第49-52条

第三十四条　对组织、领导传销活动行为的处罚

组织、领导传销活动的，处十日以上十五日以下拘留；情节较轻的，处五日以上十日以下拘留。

胁迫、诱骗他人参加传销活动的，处五日以上十日以下拘留；情节较重的，处十日以上十五日以下拘留。

[①] 参见公安部网站，https://www.mps.gov.cn/n2254536/n2254544/n2254552/n9309244/n9309283/c9312129/content.html，最后访问时间：2025年7月8日。

● **典型案例**

陈某等人组织、领导传销活动案 [（2021）苏09刑终421号 人民法院案例库入库编号：2023-03-1-168-001]

1. 数行为人成立网络平台后，以平台提供虚拟货币增值服务为名，要求参与者购买一定数量的虚拟货币充值该平台获得加入资格，平台不具有行为人对外宣传的大部分盈利模式，主要从各层级参与人的投资中非法获利，参与者获得收益的结算方式为虚拟货币，收益主要取决于其下线人数及下线投资额，而非从虚拟货币的市场价涨跌获得收益的，应当认定为传销。

2. 关于组织、领导传销活动罪违法所得数额的认定。计算传销犯罪数额时，不应当扣除传销人员培训、会务等费用开支，而传销参与人投入的资金系传销犯罪所用财物，均应当计入犯罪数额。

3. 关于涉案虚拟货币的处置。以虚拟货币为对象的组织、领导传销活动罪中，被告人以外的投资者虽是被引诱加入平台，并充值购买虚拟货币获得入会资格，但投资者为获取更高的收益，按照平台的要求不断发展下线，让他人继续在平台充值购买虚拟货币的行为已经使得各投资者成为传销的参与者，只是因为其未达到刑事处罚标准，而未受到刑罚处罚。因此，传销平台被扣押的虚拟货币不作为被害人的财产予以返还。

第三十五条　对不尊重英雄烈士行为的处罚

有下列行为之一的，处五日以上十日以下拘留或者一千元以上三千元以下罚款；情节较重的，处十日以上十五日以下拘留，可以并处五千元以下罚款：

（一）在国家举行庆祝、纪念、缅怀、公祭等重要活动的场所及周边管控区域，故意从事与活动主题和氛围相违背的行为，不听劝阻，造成不良社会影响的；

（二）在英雄烈士纪念设施保护范围内从事有损纪念英雄烈士环境和氛围的活动，不听劝阻的，或者侵占、破坏、污损英雄烈士纪念设施的；

　　（三）以侮辱、诽谤或者其他方式侵害英雄烈士的姓名、肖像、名誉、荣誉，损害社会公共利益的；

　　（四）亵渎、否定英雄烈士事迹和精神，或者制作、传播、散布宣扬、美化侵略战争、侵略行为的言论或者图片、音视频等物品，扰乱公共秩序的；

　　（五）在公共场所或者强制他人在公共场所穿着、佩戴宣扬、美化侵略战争、侵略行为的服饰、标志，不听劝阻，造成不良社会影响的。

● **典型案例**

刘某侵害方某某烈士名誉权公益诉讼案［（2019）赣01民初236号　人民法院案例库入库编号：2024-07-6-467-001］

　　1. 英雄烈士的事迹和精神是中华民族共同的历史记忆和宝贵的精神财富。加强对英烈姓名、肖像、名誉、荣誉的法律保护，对于促进社会公众尊崇英烈，扬善抑恶，弘扬社会主义核心价值观和爱国主义精神意义重大。行为人在互联网发布侮辱、诽谤英雄烈士的言论，不仅侵害了英烈本人的名誉，给英烈亲属造成精神痛苦，也伤害了社会公众的民族和历史感情，损害了社会公共利益，检察机关有权提起民事公益诉讼。2. 在民事公益诉讼过程中，虽然被告对公益诉讼起诉人提出的案件事实予以确认，愿意遵照起诉书的诉请履行，人民法院仍应对案件事实、证据、适用法律及程序等进行认真、全面、细致审查，依法准确认定行为人的行为性质，在不损害社会公共利益的前提下进行调解。

第二节　妨害公共安全的行为和处罚

第三十六条　对违反危险物质管理行为的处罚

> 违反国家规定，制造、买卖、储存、运输、邮寄、携带、使用、提供、处置爆炸性、毒害性、放射性、腐蚀性物质或者传染病病原体等危险物质的，处十日以上十五日以下拘留；情节较轻的，处五日以上十日以下拘留。

● *条文注释*

　　违反危险物质管理的行为，主要是指违反国家有关规定，制造、买卖、储存、运输、邮寄、携带、使用、提供、处置爆炸性、毒害性、放射性、腐蚀性物质或者传染病病原体等危险物质的行为。本条规定的危险物质主要是指法条中列明的爆炸性、毒害性、放射性、腐蚀性物质或者传染病病原体等危险物质。违反危险物质管理的行为主要有制造、买卖、储存、运输、邮寄、携带、使用、提供、处置。本法对上述行为的处罚，仅仅规定了拘留处罚。需要说明的是，对同一违法行为，有关部门按照其他法律、行政法规进行了拘留以外行政处罚的，不影响公安机关按照本条的规定给予拘留的处罚。

● *典型案例*

某运输公司诉某市某区交通综合行政执法大队行政处罚案［（2020）闽07行终91号　人民法院案例库入库编号：2024-12-3-001-012］

　　危险化学品作为对人体、设施、环境具有危害的化学品，国家就其生产、储存、使用、经营和运输等制定了严格的法律、行政法规，实行分阶段分部门全流程管控。危险化学品相关单位和个人对维护社会公共安全负有高度的法定义务，必须严格按照法律、行政法规及相关规章制度管理好危险化学品及相关从业人员等。因此，对危险化学品管理类行政处罚案件认定事实和适用法律问题的审查，除客观地、从物理意义上对行为、事件等进行还原外，还应当根据危险化学品管理单位和个人的法定义务，并结合行业惯例、日常生活经验等，对客观事实作出法律上的评价。根据《危险化学品安全管理条例》第八十六条第一项："有下列情形之一的，由交通运输主管部门责令改正，处5万元以上10万元以下的罚款；拒不改正的，责令停产停业整顿；构成犯罪的，依法追究刑事责任：（一）危险化学品道路运输企业、水路运输企业的驾驶人员、船员、装卸管理人员、押运人员、申报人员、集装箱装箱现场检查员未取得从业资格上岗作业的。"判断危险品押运人员的从业资格时，首先依据客观事实和危险化学品运输行业惯例，认定押运员是否履职，再根据危险化学品运输企业应当负有管理运输车辆及其驾驶员、押运人员等法定义务，认定相关企业是否存在明知危险化学品运输车辆应当配备符合法律规定的人员，却未履行管理职责，未及时发现问题致使不具资格的吴某某实际履行押运职责，从而判断是否存在押运人员未取得从业资格上岗作业之情形。

在危险化学品管理类行政处罚案件司法审查中，危险化学品管理单位和个人所负有的法定义务对法律事实认定的影响，即该类单位和个人必须先证明自己已依法严格履行相应管理职责，否则视为其行为不符合法律规定，应当承担相应的法律责任。

● **相关规定**

《违反公安行政管理行为的名称及其适用意见》第53条；《民用爆炸物品安全管理条例》第44条、第46-47条；《危险化学品安全管理条例》第55-70条

第三十七条　对危险物质被盗、被抢、丢失不报行为的处罚

爆炸性、毒害性、放射性、腐蚀性物质或者传染病病原体等危险物质被盗、被抢或者丢失，未按规定报告的，处五日以下拘留；故意隐瞒不报的，处五日以上十日以下拘留。

第三十八条　对非法携带管制器具行为的处罚

非法携带枪支、弹药或者弩、匕首等国家规定的管制器具的，处五日以下拘留，可以并处一千元以下罚款；情节较轻的，处警告或者五百元以下罚款。

非法携带枪支、弹药或者弩、匕首等国家规定的管制器具进入公共场所或者公共交通工具的，处五日以上十日以下拘留，可以并处一千元以下罚款。

● **相关规定**

《违反公安行政管理行为的名称及其适用意见》第55条

第三十九条　对盗窃、损毁公共设施行为的处罚

有下列行为之一的，处十日以上十五日以下拘留；情节较轻的，处五日以下拘留：

（一）盗窃、损毁油气管道设施、电力电信设施、广播电视设施、水利工程设施、公共供水设施、公路及附属设施或者水文监测、测量、气象测报、生态环境监测、地质监测、地震监测等公共设施，危及公共安全的；

（二）移动、损毁国家边境的界碑、界桩以及其他边境标志、边境设施或者领土、领海基点标志设施的；

（三）非法进行影响国（边）界线走向的活动或者修建有碍国（边）境管理的设施的。

● **条文注释**

公共设施是为国民经济运行、产业发展、居民生活提供交通、通信、能源、税务、教育、医疗、文化体育等公共性服务的设施。本条盗窃是指以非法占有为目的，采用秘密窃取等手段取得，尚不构成刑事处罚的行为。损毁是指行为人出于故意或过失损坏或毁坏公私财物的行为。

界碑、界桩以及其他边境标志是我国领土范围的重要标志，标志着我国的主权和领土完整，事关国家利益，所以要保证其不被移动或损坏。对于违反本条规定，移动、损坏界碑、界桩及其他边境标志的行为，应当予以处罚。

非法进行影响国（边）界线走向的活动，或者修建有碍国（边）境管理设施的行为，主要是指行为人的行为已经影响了国（边）界线的走向或妨碍了国（边）境管理。

● **典型案例**

莫某故意毁坏财物案　[（2023）粤1225刑初2号　人民法院案例库2024-05-1-230-001]

认定破坏公用电信设施罪，应当考察破坏的公用电信设施的范围、受影响的用户数、导致通信中断和严重障碍的程度和时间长度，综合判断是否达到了危害公共安全的严重程度。对于不足以危害公共安全的行为，不构成破坏公用电信设施罪；如果毁坏财物数额较大或者有其他严重情节的，可以认定为故意毁坏财物罪。

● **相关规定**

《刑法》第 118 条、第 124 条、第 323 条；《违反公安行政管理行为的名称及其适用意见》第 56-59 条

第四十条　对妨害航空器飞行安全行为的处罚

盗窃、损坏、擅自移动使用中的航空设施，或者强行进入航空器驾驶舱的，处十日以上十五日以下拘留。

在使用中的航空器上使用可能影响导航系统正常功能的器具、工具，不听劝阻的，处五日以下拘留或者一千元以下罚款。

盗窃、损坏、擅自移动使用中的其他公共交通工具设施、设备，或者以抢控驾驶操纵装置、拉扯、殴打驾驶人员等方式，干扰公共交通工具正常行驶的，处五日以下拘留或者一千元以下罚款；情节较重的，处五日以上十日以下拘留。

● **条文注释**

第一款规定的四种针对使用中的航空器的违法行为包括盗窃、损坏、擅自移动、强行进入舱内的，都要受到拘留的行政处罚。

第二款规定的违法行为要受到拘留或罚款的处罚。主要是指在使用中的航空器上经乘务人员的劝阻，仍然坚持自己的意愿，故意使用可能影响航空飞行安全的禁止在航空器上使用的器具、工具，如移动电话、游戏机等。行为人主观上是出于故意，因其直接威胁到航空器上人员生命和财产的安全及其他重大公共利益，故应当予以制止和处罚。构成该项违反治安管理行为的条件如下：一是行为人持主观故意心态，即明知在使用中的航空器中使用可能影响导航系统正常功能的器具、工具，会危及航空器飞行安全，仍积极从事该行为。二是行为人必须是在使用中的航空器上使用上述器具、工具。

● **典型案例**

张某与某市公安局某分局其他行政案[①]　[（2019）沪01行初221号]

原告称在其乘坐的航班中，在飞机尚未起飞时拨打手机，机组人员制止，原告便挂断电话不再使用。飞机降落，乘客开始陆续离开机舱时，原告要求提供该机组人员工作职位等信息以便投诉，机组便报警称原告于飞行中使用手机。此后，被告对原告作出被诉处罚决定。原告认为，根据《治安管理处罚法》第三十四条第二款之规定，在使用中的航空器上使用可能影响导航系统正常功能的器具、工具，只有在不听劝阻的情况下方可被给予行政处罚，本案中，原告在机组人员制止后便挂断电话，已接受了劝阻，被告对原告作出处罚依据不足。故请求法院判决撤销被诉处罚决定。

根据查明的事实，张某本案中使用手机通话时，其所乘坐的航班飞机已经处于滑行准备起飞阶段，其在此时使用手机的行为可能会对飞机导航等系统产生影响，进而危及飞行安全。航班安全员发现后，曾多次对原告进行劝阻，但张某均未予以配合，直至安全员准备用手制止其继续使用手机时，张某方挂断电话。张某的上述行为已符合《中华人民共和国治安管理处罚法》第三十四条第二款规定的违法行为构成，被告基于上述事实，依法决定对张某处以行政拘留五日的处罚决定，事实依据充分，适用法律正确，量罚亦属适当。

● **相关规定**

《违反公安行政管理行为的名称及其适用意见》第60-62条

[①] 参见中国裁判文书网，https：//wenshu.court.gov.cn/website/wenshu/181107ANFZ0BXSK4/index.html?docId=MBVeB52r+gUEV2ar1NjedGkR0jJBZGhf6FXahrLD56hVi6Kg/mG8wPUKq3u+IEo4xrhYIUL6n/Hllb6F6BMZlyN05NRB6QgWvb77MR4zDn4+afS3FrohaZpsdQ6/FChx，最后访问时间：2025年7月18日。

第四十一条 对妨害铁路、城市轨道交通运行安全行为的处罚

有下列行为之一的，处五日以上十日以下拘留，可以并处一千元以下罚款；情节较轻的，处五日以下拘留或者一千元以下罚款：

（一）盗窃、损毁、擅自移动铁路、城市轨道交通设施、设备、机车车辆配件或者安全标志的；

（二）在铁路、城市轨道交通线路上放置障碍物，或者故意向列车投掷物品的；

（三）在铁路、城市轨道交通线路、桥梁、隧道、涵洞处挖掘坑穴、采石取沙的；

（四）在铁路、城市轨道交通线路上私设道口或者平交过道的。

● **典型案例**

黄某与某市公安局行政处罚案[①]　[（2022）琼96行终62号]

被告在查清原告在桥梁附近的河边非法采砂的事实后立案受理，并依法履行了调查取证、告知、送达等程序，依据《中华人民共和国治安管理处罚法》第三十五条第三项的规定作出了《处罚决定书》。

● **相关规定**

《违反公安行政管理行为的名称及其适用意见》第63-67条

---

① 参见中国裁判文书网，https://wenshu.court.gov.cn/website/wenshu/181107ANFZ0BXSK4/index.html?docId=H4KnwA06Y1FNdoBrNnBc0dEmsH7fAhYUXPn18BYfFL2ibisKBp8ZsfUKq3u+IEo4xrhYIUL6n/HlIb6F6BMZlyN05NRB6QgWvb77MR4zDn4u0EQ5EKQQ5ehIdpr/f0c6，最后访问时间：2025年7月18日。

第四十二条　对妨害列车行车安全行为的处罚

擅自进入铁路、城市轨道交通防护网或者火车、城市轨道交通列车来临时在铁路、城市轨道交通线路上行走坐卧，抢越铁路、城市轨道，影响行车安全的，处警告或者五百元以下罚款。

● **条文注释**

根据本条的规定，妨害列车行车安全的行为主要有以下三种：一是擅自进入铁路、城市轨道交通防护网；二是火车、城市轨道交通列车来临时在铁路线路上行走坐卧，影响行车安全的；三是火车来临时抢越铁路、城市轨道，影响行车安全的。

● **典型案例**

张某诉中国铁路某局集团有限公司铁路运输人身损害责任纠纷案[（2019）沪03民终175号　人民法院案例库入库编号：2024-07-2-389-001]

对于铁路运输企业已充分履行安全防护、警示义务，而受害人擅自进入警示区倒卧在铁路线路上造成人身损害的，铁路运输企业不承担赔偿责任。

● **相关规定**

《违反公安行政管理行为的名称及其适用意见》第68-69条

第四十三条　对妨害公共道路安全行为的处罚

有下列行为之一的，处五日以下拘留或者一千元以下罚款；情节严重的，处十日以上十五日以下拘留，可以并处一千元以下罚款：

（一）未经批准，安装、使用电网的，或者安装、使用电网不符合安全规定的；

（二）在车辆、行人通行的地方施工，对沟井坎穴不设覆盖物、防围和警示标志的，或者故意损毁、移动覆盖物、防围和警示标志的；

（三）盗窃、损毁路面井盖、照明等公共设施的；

（四）违反有关法律法规规定，升放携带明火的升空物体，有发生火灾事故危险，不听劝阻的；

（五）从建筑物或者其他高空抛掷物品，有危害他人人身安全、公私财产安全或者公共安全危险的。

● 相关规定

《违反公安行政管理行为的名称及其适用意见》第70-74条

第四十四条　对违反规定举办大型活动行为的处罚

举办体育、文化等大型群众性活动，违反有关规定，有发生安全事故危险，经公安机关责令改正而拒不改正或者无法改正的，责令停止活动，立即疏散；对其直接负责的主管人员和其他直接责任人员处五日以上十日以下拘留，并处一千元以上三千元以下罚款；情节较重的，处十日以上十五日以下拘留，并处三千元以上五千元以下罚款，可以同时责令六个月至一年以内不得举办大型群众性活动。

● 条文注释

举办体育、文化等大型群众性活动危及公共安全的行为，是指举办大型群众性活动违反有关规定，由此发生安全事故危险的行为。本条规定的行为的主要特征：一是行为的主体是大型群众性活动的组织者，包括主办单位及负责人，组织者应当在公安机关的协助和指导下，拟定安全方案，落实安全措施；二是行为人有违反有关规定的行为，包括举办活动未经许可或者虽经许可，但现场仍存在安全隐患或者在申请举办大型群众性活动时承诺采取的安全措施和方案在申请被批准后就置于脑后等情形。"有关规定"是指有关大型群众性活动的批准、审查、治安保卫、法律责任等事项的法律、行政法规、部门规章及有关人民政府发布的决定、命令等。

● **相关规定**

《违反公安行政管理行为的名称及其适用意见》第75条；《大型群众性活动安全管理条例》

第四十五条　对违反公共场所安全规定行为的处罚

旅馆、饭店、影剧院、娱乐场、体育场馆、展览馆或者其他供社会公众活动的场所违反安全规定，致使该场所有发生安全事故危险，经公安机关责令改正而拒不改正的，对其直接负责的主管人员和其他直接责任人员处五日以下拘留；情节较重的，处五日以上十日以下拘留。

● **典型案例**

方某诉某县公安局治安管理行政处罚一案[①]（最高人民法院发布《行政诉讼附带审查规范性文件典型案例》）

2015年1月，某县公安局城区派出所（以下简称城区派出所）

---

① 参见《行政诉讼附带审查规范性文件典型案例》，载最高人民法院网站，https://www.court.gov.cn/zixun/xiangqing/125871.html，最后访问时间：2025年6月25日。

和某县公安消防大队（以下简称某消防大队）曾多次对方某经营的出租房进行消防检查。2月11日，城区派出所和某消防大队再次对方某的出租房进行消防检查。同年2月13日，城区派出所向方某发出责令限期改正通知书，责令其改正消防安全违法行为。同日，某消防大队也向方某发出责令限期改正通知书，其中认定的消防安全违法行为与城区派出所认定的基本相同，并责令方某于2015年3月11日前改正。3月13日，城区派出所和某消防大队民警对涉案出租房进行复查，发现方某对"四、五、六、七层缺少一部疏散楼梯，未按要求配置逃生用口罩、报警哨、手电筒、逃生绳等"违法行为未予改正。3月16日，城区派出所决定立案调查。次日，城区派出所民警向方某告知拟处罚的事实、理由和依据。同日，作出《行政处罚决定书》（以下简称被诉处罚决定），认定方某的行为构成违反安全规定致使场所有发生安全事故危险的违法行为，根据《治安管理处罚法》第三十九条的规定，决定对其行政拘留三日，并送某县拘留所执行。方某不服，诉至法院请求撤销被诉处罚决定，并对被诉处罚决定作出所依据的规范性文件，即行政程序中适用的《浙江省居住出租房屋消防安全要求》（以下简称《消防安全要求》）、《关于解决消防监督执法工作若干问题的批复》（以下简称《消防执法问题批复》）和《关于居住出租房屋消防安全整治中若干问题的法律适用意见（试行）》（以下简称《消防安全法律适用意见》）合法性进行一并审查。

本案争议的焦点在于，当事人申请附带审查的《消防安全要求》《消防执法问题批复》和《消防安全法律适用意见》是否对《治安管理处罚法》第三十九条规定的"其他供社会公众活动的场所"进行了扩大解释。《治安管理处罚法》第三十九条适用的对象是"旅馆、饭店、影剧院、娱乐场、运动场、展览馆或者其他供社会公众活动的场所的经营管理人员"。本案中，人民法院通过对案涉规范性文件条文的审查，明确了对居住的出租房屋能否视为"其他供社会公众活动的场所"这一法律适用问题。由于"其他供社会公众活动的场所"为不确定法律概念，其内容与范围并不固定。本案中，居住的出租房物理上将毗邻的多幢、多间（套）房屋集中用于向不特定多数人出租，并且承租人具有较高的流动性，与一般的居住房屋只关涉公民私人领域有质的区别，已经构成了与旅馆类似的具有一定开放性的公共活动场所。对于此类场所的经营管理人员，在出租获利的同时理应承担更高的消防安全管理责任。因此，《消防安全要求》、《消防执法问题批复》和《消防安全法律适用意见》所规定的内容并不与《治安管理处罚法》第三十九条之规定相抵触。

● **相关规定**

《旅馆业治安管理办法》第3条；《娱乐场所管理条例》第20-22条；《互联网上网服务营业场所管理条例》第24条；《违反公安行政管理行为的名称及其适用意见》第76条；《娱乐场所治安管理办法》第8-18条

第四十六条 对违规飞行航空器、气球等升空物体行为的处罚

违反有关法律法规关于飞行空域管理规定，飞行民用无人驾驶航空器、航空运动器材，或者升放无人驾驶自由气球、系留气球等升空物体，情节较重的，处五日以上十日以下拘留。

飞行、升放前款规定的物体非法穿越国（边）境的，处十日以上十五日以下拘留。

第三节　侵犯人身权利、财产权利的行为和处罚

第四十七条 对恐怖表演、强迫劳动、限制人身自由行为的处罚

有下列行为之一的，处十日以上十五日以下拘留，并处一千元以上二千元以下罚款；情节较轻的，处五日以上十日以下拘留，并处一千元以下罚款：

（一）组织、胁迫、诱骗不满十六周岁的人或者残疾人进行恐怖、残忍表演的；

（二）以暴力、威胁或者其他手段强迫他人劳动的；

（三）非法限制他人人身自由、非法侵入他人住宅或者非法搜查他人身体的。

● *典型案例*

某市公安局某分局、庄某治安行政处罚案[1]　[（2020）闽05行终321号]

他人住宅是指未经住宅主人允许，没有法律依据或正当理由，或者虽有法律依据，但不依照法定程序强行进入，或者进入时主人虽同意，但主人要求其退出时无理由拒不退出的行为。非法侵入行为的对象是住宅。非法侵入行为的形式一般分为两类：一类是积极的作为形式，如不经住宅主人同意，不顾主人劝阻，非法强行进入他人住宅；另一类是消极的不作为形式，主要表现为进入时虽经主人同意，但当主人要求其退出时无理由拒不退出。本案是否属于非法侵入住宅的违

---

[1] 参见中国裁判文书网，https://wenshu.court.gov.cn/website/wenshu/181107ANFZ0BXSK4/index.html?docId=GvdWoLTHX0UDRmhGoBgvw9M/QhL7o0yA+QR7UZS48wMPp7ij+VTPn/UKq3u+IEo4xrhYIUL6n/HlIb6F6BMZlyN05NRB6QgWvb77MR4zDn4JsAIdXoAakeG/n06S5suw，最后访问时间：2025年7月18日。

反治安管理行为，分析如下：

关于事发地点是否为住宅的问题。从泉港公安局提供的泉州泉港某食堂服务部的营业执照、卫生许可证复印件以及该局对庄某3、庄某、庄某1、庄某2的询问笔录、监控视频等证据，可以证实事发当日庄某、庄某妹进入3号、4号店面，庄某1进入3号店面，3号店面是走廊，可以通往1号、2号、4号店面以及小区中庭启某幼儿园入口，4号店面系启某幼儿园食堂的经营场所。在某公安局对庄某3的调查笔录中，庄某3称事发当时启某幼儿园出租给大学生用于培训，庄某进入食堂时，有多名学生及老师站在3号店面靠近办公室的一侧，且监控视频中显示，2018年8月7日，案涉3号店面的大门敞开，有数十名学生及家长自由出入，根据上述证据，可以认定事发当时3号店面、4号店面处于经营状态，而非当作住宅用途，不属于《中华人民共和国治安管理处罚法》第四十条第三项规定的"住宅"。庄某主张案涉地点为住宅的理由不能成立，本院不予支持。

● **相关规定**

《刑法》第238条、第244-245条；《违反公安行政管理行为的名称及其适用意见》第77-81条

第四十八条 对组织、胁迫未成年人从事有偿陪侍活动行为的处罚

组织、胁迫未成年人在不适宜未成年人活动的经营场所从事陪酒、陪唱等有偿陪侍活动的，处十日以上十五日以下拘留，并处五千元以下罚款；情节较轻的，处五日以下拘留或者五千元以下罚款。

● *典型案例*

惩治组织未成年人进行违反治安管理活动犯罪综合司法保护案[①]
[最高人民检察院指导性案例（检例第173号）]

对组织未成年人在KTV等娱乐场所进行有偿陪侍的，检察机关应当以组织未成年人进行违反治安管理活动罪进行追诉，并可以从被组织人数、持续时间、组织手段、陪侍情节、危害后果等方面综合认定本罪的"情节严重"。检察机关应当针对案件背后的家庭监护缺失、监护不力问题开展督促监护工作，综合评估监护履责中存在的具体问题，制发个性化督促监护令，并跟踪落实。检察机关应当坚持未成年人保护治罪与治理并重，针对个案发生的原因开展诉源治理。

第四十九条 对胁迫利用他人乞讨和滋扰乞讨行为的处罚

胁迫、诱骗或者利用他人乞讨的，处十日以上十五日以下拘留，可以并处二千元以下罚款。

反复纠缠、强行讨要或者以其他滋扰他人的方式乞讨的，处五日以下拘留或者警告。

● *实用问答*

问：怎样妥善救助流浪乞讨人员？

答：公安机关人民警察在实践中要注意区分一般的流浪乞讨人员和有违法行为的流浪乞讨人员。对于一般的流浪乞讨人员，人民警察应当按照《城市生活无着的流浪乞讨人员救助管理办法》第五条的规定执行，公安机关和其他有关行政机关的工作人员在执行职务时发现

[①] 《关于印发最高人民检察院第四十三批指导性案例的通知》，载最高人民检察院网站，https://www.spp.gov.cn/jczdal/202303/t20230301_604987.shtml，最后访问时间：2025年7月18日。

流浪乞讨人员的，应当告知其向救助站求助；对其中的残疾人、未成年人、老年人和行动不便的其他人员，还应当引导、护送到救助站。对于有违法行为的流浪乞讨人员，应根据具体规定进行处理。

● *相关规定*

《刑法》第262条之一；《违反公安行政管理行为的名称及其适用意见》第82-83条

第五十条　对侵犯人身权利六项行为的处罚

有下列行为之一的，处五日以下拘留或者一千元以下罚款；情节较重的，处五日以上十日以下拘留，可以并处一千元以下罚款：

（一）写恐吓信或者以其他方法威胁他人人身安全的；

（二）公然侮辱他人或者捏造事实诽谤他人的；

（三）捏造事实诬告陷害他人，企图使他人受到刑事追究或者受到治安管理处罚的；

（四）对证人及其近亲属进行威胁、侮辱、殴打或者打击报复的；

（五）多次发送淫秽、侮辱、恐吓等信息或者采取滋扰、纠缠、跟踪等方法，干扰他人正常生活的；

（六）偷窥、偷拍、窃听、散布他人隐私的。

有前款第五项规定的滋扰、纠缠、跟踪行为的，除依照前款规定给予处罚外，经公安机关负责人批准，可以责令其一定期限内禁止接触被侵害人。对违反禁止接触规定的，处五日以上十日以下拘留，可以并处一千元以下罚款。

● **典型案例**

汤某某、何某网上"骂战"被行政处罚案[①]（最高人民法院发布《依法惩治网络暴力违法犯罪典型案例》）

2023年2月，汤某某和何某因琐事多次发生冲突，未能协商解决。后双方矛盾日益激化，于同年6月在多个网络平台发布视频泄愤，相互谩骂。随着"骂战"升级，二人开始捏造对方非法持枪、抢劫、强奸等不实信息，引发大量网民围观，跟风评论、嘲讽、谩骂，造成不良社会影响。

云南省玉溪市公安局红塔分局依法传唤汤某某、何某，告知双方在网络上发布言论应当遵守法律法规，侵犯他人名誉或扰乱社会正常秩序的，需要承担法律责任。据此，依法对汤某某、何某处以行政拘留五日的处罚，并责令删除相关违法视频。

本案即是网络暴力治安管理处罚案件，行为人实施网络"骂战"，相互谩骂、诋毁，在损害对方名誉权的同时，破坏网络秩序，造成不良社会影响。公安机关依法予以治安管理处罚，责令删除违法信息，教育双方遵守法律法规，及时制止了网络暴力滋生蔓延和违法行为继续升级。

● **相关规定**

《刑法》第243条、第246条、第308条；《违反公安行政管理行为的名称及其适用意见》第84-90条

第五十一条 对殴打或故意伤害他人身体行为的处罚

殴打他人的，或者故意伤害他人身体的，处五日以上十日以下拘留，并处五百元以上一千元以下罚款；情节较轻的，处五日以下拘留或者一千元以下罚款。

[①] 《依法惩治网络暴力违法犯罪典型案例》，载最高人民法院网站，https://www.court.gov.cn/zixun/xiangqing/413002.html，最后访问时间：2025年6月25日。

有下列情形之一的，处十日以上十五日以下拘留，并处一千元以上二千元以下罚款：

（一）结伙殴打、伤害他人的；

（二）殴打、伤害残疾人、孕妇、不满十四周岁的人或者七十周岁以上的人的；

（三）多次殴打、伤害他人或者一次殴打、伤害多人的。

● **条文注释**

殴打、伤害他人的行为侵犯的客体是他人的身体权和健康权。身体权是自然人为维持身体的完整并支配其肢体、器官和其他组织的人格权。健康权是自然人以其器官乃至整体的功能利益为内容的人格权。所谓"殴打他人"，是指行为人公然打人，其行为方式主要是拳打脚踢，一般只是造成他人身体皮肉暂时的疼痛，被打的人并不一定会受伤。"故意伤害他人身体"是指非法损害他人身体健康的行为。伤害他人身体的形式是多种多样的，包括用石头、棍棒打人，驱使动物咬人，用针扎人，用开水烫人等。这种伤害行为已经给他人的身体造成了轻微伤害，但尚不够刑事处罚。

注意，对违反本条第二款第（二）项规定行为的处罚，不要求行为人主观上必须明知殴打、伤害的对象为残疾人、孕妇、不满十四周岁的人或者七十周岁以上的人。

● **典型案例**

任某诉某市公安局某分局治安行政处罚案［南昌铁路运输中级法院（2022）赣71行终447号 人民法院案例库入库编号：2024-12-3-001-011］

裁判要旨：治安管理处罚中，殴打、伤害六十周岁以上的人的，符合《治安管理处罚法》第四十三条第二款第二项规定的法定加重情节。然而，基于个案情况，从违法行为人年龄、身份、态度，违反治安管理的目的、动机，采用的手段，造成的后果，认错的态度，改正的情况等方面审慎考量，同时适用《治安管理处罚法》第十九条第二款"违反治安管理情节特别轻微的，减轻处罚或者不予处罚"之规定对违法行为人进行量罚，更有利于体现行政处罚过罚相当原则，彰显行政处罚的教育意义。

● **相关规定**

《公安机关执行〈中华人民共和国治安管理处罚法〉有关问题的解释（二）》第7-8条；《违反公安行政管理行为的名称及其适用意见》第91-92条

第五十二条 对猥亵他人和在公共场所裸露身体行为的处罚

猥亵他人的，处五日以上十日以下拘留；猥亵精神病人、智力残疾人、不满十四周岁的人或者有其他严重情节的，处十日以上十五日以下拘留。

在公共场所故意裸露身体隐私部位的，处警告或者五百元以下罚款；情节恶劣的，处五日以上十日以下拘留。

● **条文注释**

猥亵他人，是指以强制或者非强制的方法，违背对方意志，实施的除了正常性接触以外的能够满足行为人淫秽下流欲望的行为。行为侵犯的客体是他人的人格尊严，行为在客观方面表现为违背他人意志，使用暴力、威胁或其他手段来猥亵他人，如果对方对于行为人的猥亵行为表示同意，则不是猥亵他人的行为。

公共场所裸体行为。行为人必须是在公共场所故意实施裸露身体，情节恶劣的行为。这里的"公共场所"主要是指公众进行公开活动的场所，如商店、影剧院、体育场、公共交通工具、街道等场所。这里的"裸露身体"，不仅包括赤裸全身，也包括赤裸下身或者暴露隐私部位，或者女性赤裸上身等情形。所谓情节恶劣，主要是公共场所的裸体行为超越了道德的底线，造成了对他人的伤害，譬如，在公共场所大规模裸体，公共场所裸体行为给多人造成伤害，裸体行为中伴随威胁行为等。

● **典型案例**

王某制猥亵案 [（2021）京03刑终383号 人民法院案例库入库编号：2024-02-1-184-003]

医务工作者利用医疗检查情境下被害人不知反抗之机而实施猥亵的，属于《中华人民共和国刑法》第二百三十七条第一款规定的以"其他方法强制猥亵"，依法以强制猥亵罪论处。实践中，需结合在案证据查明医务工作者在诊疗工作中所实施的行为是否属于职责范围内的正常诊疗行为，是否系诊疗所必需的检查手段。对于以追求性刺激为目的，故意明显超出职责范围实施相关行为的，应当依法认定为强制猥亵行为。

● **相关规定**

《违反公安行政管理行为的名称及其适用意见》第93-94条

第五十三条　对虐待家庭成员及被监（看）护的人、遗弃被扶养人行为的处罚

有下列行为之一的，处五日以下拘留或者警告；情节较重的，处五日以上十日以下拘留，可以并处一千元以下罚款：

（一）虐待家庭成员，被虐待人或者其监护人要求处理的；

（二）对未成年人、老年人、患病的人、残疾人等负有监护、看护职责的人虐待被监护、看护的人的；

（三）遗弃没有独立生活能力的被扶养人的。

● **条文注释**

虐待家庭成员，是指经常用打骂、冻饿、禁闭、强迫过度劳动、有病不给治疗等方法，摧残折磨家庭成员，情节尚不恶劣，且不构成刑事犯罪的行为。

遗弃，指对于年老、年幼、患病或者其他没有独立生活能力的人，负有扶养义务而拒绝扶养的行为。这里的扶养，指广义上的扶养，即包括抚养、赡养及狭义扶养。"没有独立生活能力"是指不具备或者丧失劳动能力，无生活来源而需要他人照顾等情况，包括年老、年幼、患病或者其他没有独立生活能力的人。

● **相关规定**

《刑法》第 260-261 条

第五十四条 对强迫交易行为的处罚

强买强卖商品，强迫他人提供服务或者强迫他人接受服务的，处五日以上十日以下拘留，并处三千元以上五千元以下罚款；情节较轻的，处五日以下拘留或者一千元以下罚款。

● **条文注释**

强迫交易违反治安管理的行为，是指以暴力、威胁手段强买强卖、强迫他人提供服务或者强迫他人接受服务，情节不严重的行为。暴力，是指行为人对于被害人的身体实施强制或者殴打，如强拉硬拽、捆绑拘禁等，致使被害人不得不购买或者接受服务。威胁，是对被害人实施精神上的强制，如以实施暴力相恐吓或者以损害名誉相要挟，致使被害人不得不购买或者接受服务。强迫进行交易的行为，违背了自愿、平等、公平、诚实信用的民事活动基本原则，侵犯了经营者或者消费者的合法权益，扰乱了正常的市场交易秩序，具有严重的社会危害性。

● **典型案例**

王某、某市公安局某分局公安行政管理案[1]　[（2020）鲁03行终182号]

关于上诉人王某所提被上诉人李某触犯强迫交易、损毁他人财物、结伙殴打他人三种违法行为理由的问题。《中华人民共和国治安管理处罚法》第四十六条规定是对强迫交易行为的认定及处罚规定，强迫交易行为客观方面表现为以暴力、威胁手段强买强卖商品，强迫他人提供服务或者强迫他人接受服务的，尚不构成刑事处罚的行为。暴力，是指行为人对被侵害人的身体实行强制或者殴打，如强拉硬拽、捆绑、围困、伤害等，致使被侵害人不能或者不敢抗拒，不得不购买或卖出商品，或者不得不接受或提供服务。威胁，是指交易一方对另一方实行精神上的强制，如以实施暴力相恐吓或者以损害名誉相要挟，致使被侵害人出于恐惧不得不购买或出售商品，或者不得不接受或提供服务。本案中，上诉人王某提交的证据并不能证明被上诉人李某实施了符合上述强迫交易情形的行为，因此，上诉人王某要求被

---

[1]　参见中国裁判文书网，https://wenshu.court.gov.cn/website/wenshu/181107ANFZ0BXSK4/index.html?docId=rxLVW1QZMc2I9As5/0uNqWt8RbnXVC33OB9DVExTBeZpIhsm+UPx0PUKq3u+IEo4xrhYIUL6n/HlIb6F6BMZlyN05NRB6QgWvb77MR4zDn7zNzKwCdFF9BZxlzYZ5XzH，最后访问时间：2025年7月18日。

上诉人某市公安局某分局追究被上诉人李某强迫交易违法行为的请求不能成立。

● **相关规定**

《刑法》第 226 条

第五十五条　对煽动民族仇恨、民族歧视行为的处罚

煽动民族仇恨、民族歧视，或者在出版物、信息网络中刊载民族歧视、侮辱内容的，处十日以上十五日以下拘留，可以并处三千元以下罚款；情节较轻的，处五日以下拘留或者三千元以下罚款。

● **相关规定**

《刑法》第 249-250 条；《互联网上网服务营业场所管理条例》第 14 条

第五十六条　对向他人出售或者提供个人信息行为的处罚

违反国家有关规定，向他人出售或者提供个人信息的，处十日以上十五日以下拘留；情节较轻的，处五日以下拘留。

窃取或者以其他方法非法获取个人信息的，依照前款的规定处罚。

第五十七条　对侵犯通信自由行为的处罚

冒领、隐匿、毁弃、倒卖、私自开拆或者非法检查他人邮件、快件的，处警告或者一千元以下罚款；情节较重的，处五日以上十日以下拘留。

● **条文注释**

本条规定了六种非法侵犯公民通信自由的应当予以处罚的行为。公民的通信自由是宪法规定的一项基本权利，包括通信自由和通信秘密两个方面。所谓"冒领"是指假冒他人名义领取邮件的行为。"隐匿"是指将他人投寄的邮件秘密隐藏起来，使收件人无法查收的行为。"毁弃"是指将他人的邮件予以丢弃、撕毁、焚毁等，致使他人无法查收的行为。"私自开拆"是指违反国家有关规定，未经投寄人或者收件人的同意，私自开拆他人邮件的行为。"非法检查"是指违反国家有关规定，擅自检查他人邮件的行为。如果行为人误将他人的邮件当作自己的邮件拿走，或者误将他人的邮件当作自己的而开拆，或因疏忽大意丢失他人邮件等行为，不属于本条规定的违反治安管理行为。

● **典型案例**

钟某、某市公安局某分局行政复议再审案[①] [（2020）桂行申766号]

《中华人民共和国治安管理处罚法》第四十八条规定的行为主观上表现为故意。本案中，投递员投递工作存在失误，王某误以为是父亲王某卿的邮件而代收，因邮件收件人字迹不清，王某卿误以为是自己的邮件而拆开，当发现不是自己的邮件时，便委托他人将邮件从门缝塞进申请人钟某的房间。从整个过程来看，王某、王某卿均不存在故意冒领钟某邮件的主观故意，只是由于认识上的错误所致。因此，王某、王某卿的行为不构成违反上述规定的情形。依据《公安机关办理

[①] 参见中国裁判文书网，https：//wenshu.court.gov.cn/website/wenshu/181107ANFZ0BXSK4/index.html? docId = VQTcRSDTJBDDI00PwVxNgdZmrZ7IDd/AsQOa/SFJ7FE97etoYY5QlPUKq3u+IEo4xrhYIUL6n/HlIb6F6BMZlyN05NRB6QgWvb77MR4zDn50/ldJbQFQlgCs5ettbb5y，最后访问时间：2025年7月18日。

行政案件程序规定》第二百五十九条第一款的规定，被申请人某市公安局某分局经调查后，作出终止调查决定，事实清楚，适用法律正确。

第五十八条 对盗窃、诈骗、哄抢、抢夺、敲诈勒索行为的处罚

> 盗窃、诈骗、哄抢、抢夺或者敲诈勒索的，处五日以上十日以下拘留或者二千元以下罚款；情节较重的，处十日以上十五日以下拘留，可以并处三千元以下罚款。

● **条文注释**

本条所说的盗窃行为，是指以非法占有为目的，秘密窃取少量公私财物，尚不构成刑事处罚的行为。

诈骗行为，是指以非法占有为目的，骗取他人少量公私财物，尚不构成刑事处罚的行为。

哄抢行为，是指以非法占有为目的，乘乱夺取少量公私财物，尚不构成刑事处罚的行为。

抢夺行为，是以非法占有为目的，公然夺取公私财物的行为。

敲诈勒索，是以非法占有为目的，对公私财物的所有人、管理人使用威胁或要挟的方法，勒索少量公私财物，尚不构成刑事犯罪的行为。

● **典型案例**

何某华诉某市公安局某分局公安行政管理再审审查与审判监督行政裁定案[1] [（2020）辽行申941号]

本案的争议焦点是申请人某市公安局某分局依据《治安管理处罚

---

[1] 参见中国裁判文书网，https：//wenshu.court.gov.cn/website/wenshu/181107ANFZ0BXSK4/index.html?docId=SqbuVpE0uUTmTbf09wbMh33A2X7ollidjc/h9KbNjure01K9ydc08fUKq3u+IEo4xrhYIUL6n/Hllb6F6BMZlyN05NRB6QgWvb77MR4zDn7pVdBaM9ujA/RrZozruLQA，最后访问时间：2025年6月27日。

法》第四十九条之规定对被申请人进行治安处罚是否属于适用法律错误。第一,被申请人何某华系某西木材市场的经营者,具有进入该市场的通行权。该市场物业某铁公司认为何某华有欠缴相关费用的行为,应通过司法途径依法维护企业的合法权益,而无权采取强行阻碍通行的方式予以解决,因此,在何某华骑行三轮车进入该市场时,该市场物业某铁公司所设置的门卫不应阻止何某华进入,故市场物业某铁公司过错在先。第二,在门卫阻止何某华进入该市场时,何某华首先进行报警,请求申请人某市公安局某分局依法解决,但是,警察出警后没有及时依法阻止某铁公司侵害何某华通行权的行为,而是让双方协商解决,这也是使矛盾激化的原因之一。第三,何某华尽管有通行权,尽管在报警后纠纷依然未得到及时解决,但也应对闯杆进入市场对财产(包括对阻车杆和三轮车)可能造成的损害后果有明确的判断和认知,因此,也具有过错。但综合以上事实,二审法院确认何某华的行为应当认定为情节特别轻微,不予处罚,并无不当,申请人某市公安局某分局直接依据《治安管理处罚法》第四十九条之规定对被申请人进行治安处罚确属适用法律错误,而应依据该法第十九条第(一)项之规定,不予处罚。

● **相关规定**

《刑法》第263-267条、第274-275条;《违反公安行政管理行为的名称及其适用意见》第101-106条

第五十九条　对故意损毁公私财物行为的处罚

> 故意损毁公私财物的,处五日以下拘留或者一千元以下罚款;情节较重的,处五日以上十日以下拘留,可以并处三千元以下罚款。

● **典型案例**

孔某某寻衅滋事案［(2018) 京02刑终668号　人民法院案例库入库编号：2023-05-1-269-002］

故意毁坏财物罪主观目的仅为毁损财物，侵犯的客体也就是财产的所有权，没有对社会管理秩序造成破坏。而寻衅滋事的犯罪动机多是基于某种扭曲的心理，为发泄负面的情绪而对不特定的对象实施的行为。行为人针对特定人和物实施报复，主观上并没有寻求精神刺激、填补精神空虚、发泄不良情绪等一般的寻衅滋事罪所要求的心态，不宜认定为寻衅滋事罪。

第六十条　对实施学生欺凌行为的处罚

以殴打、侮辱、恐吓等方式实施学生欺凌，违反治安管理的，公安机关应当依照本法、《中华人民共和国预防未成年人犯罪法》的规定，给予治安管理处罚、采取相应矫治教育等措施。

学校违反有关法律法规规定，明知发生严重的学生欺凌或者明知发生其他侵害未成年学生的犯罪，不按规定报告或者处置的，责令改正，对其直接负责的主管人员和其他直接责任人员，建议有关部门依法予以处分。

● **相关规定**

《未成年人保护法》第39条；《预防未成年人犯罪法》第20条、第21条、第33条

第四节　妨害社会管理的行为和处罚

第六十一条 对拒不执行紧急状态决定、命令和阻碍执行公务的处罚

> 有下列行为之一的，处警告或者五百元以下罚款；情节严重的，处五日以上十日以下拘留，可以并处一千元以下罚款：
> （一）拒不执行人民政府在紧急状态情况下依法发布的决定、命令的；
> （二）阻碍国家机关工作人员依法执行职务的；
> （三）阻碍执行紧急任务的消防车、救护车、工程抢险车、警车或者执行上述紧急任务的专用船舶通行的；
> （四）强行冲闯公安机关设置的警戒带、警戒区或者检查点的。
> 阻碍人民警察依法执行职务的，从重处罚。

● 条文注释

（1）进入紧急状态后，有关国家机关必然要发布一些紧急状态情况下的决定和命令，这些决定和命令可能会对公民的人身自由和财产作出一定限制，但为了维护国家和地区的稳定，为了维护公共利益，公民对此负有遵守的义务。

（2）"国家机关工作人员依法执行职务"是指国家立法机关、行政机关以及司法机关等单位的工作人员，依照法律规定，执行职务。例如，人民警察维护道路交通秩序，依法对犯罪嫌疑人进行逮捕，税务机关的工作人员依法征税等行为，都属于国家机关工作人员依法执行职务的行为。"阻碍"行为表现为拒绝、阻碍国家机关工作人员依

法执行职务。此外，行为人主观上必须出于故意，即行为人明知对方是国家机关工作人员而拒绝。

（3）依据我国有关法律法规的规定，消防车、救护车、警车等车辆在执行紧急任务的过程中享有优先通行权，其目的就是最大限度地挽回人民群众的损失，保障人民群众的合法权益。

（4）公安机关在执行某些特定职务的过程中，为了确保公共场所或者大型活动的安全，需要设置警戒带和警戒区。这些警戒带和警戒区给附近居民和来往行人的生活可能会带来一些不便，但是公民负有遵守和容忍的义务。因此，强行冲闯公安机关设置的警戒带、警戒区的行为，应当受到处罚。

（5）同时，需要注意的是，《刑法》第二百七十七条第五款规定："暴力袭击正在依法执行职务的人民警察的，处三年以下有期徒刑、拘役或者管制；使用枪支、管制刀具，或者以驾驶机动车撞击等手段，严重危及其人身安全的，处三年以上七年以下有期徒刑。"具体规定了袭警罪的法定刑。

● **典型案例**

任某与某县公安局治安处罚纠纷上诉案[1] [（2020）鲁14行终292号]

2020年4月19日晚21时40分左右，石浩某、高金某与任振某发生冲突并对任振某进行了殴打，任振某事后通知其父亲即本案原告任某，任某找到任振某后，双方人员在某县城区某广场餐厅门口相遇，任某向附近执勤的巡警报案。执勤巡警在前往餐厅门前广场过程

---

[1] 参见中国裁判文书网，https://wenshu.court.gov.cn/website/wenshu/181107ANFZ0BXSK4/index.html?docId=1Atz40WDHWjPH/e9p6GEvw3ZKQDae/HDz3fd0xaLYrfBgXLGCOH78vUKq3u+IEo4xrhYIUL6n/HlIb6F6BMZlyN05NRB6QgWvb77MR4zDn6UKgAtKfNfO9SJFRo9SckF1，最后访问时间：2025年6月27日。

中向"110"指挥中心汇报，指挥中心通知龙门派出所民警出警。任某情绪激动，辱骂石浩某等在场人员，在民警到场执法过程中，任某不服从民警命令。在乘警车回派出所过程中，原告任某在车上语言辱骂并威胁民警，经民警劝导，不听劝阻。因被举报涉嫌酒驾，在接受交警酒精检测时，经交警多次释明检测方法后仍不配合交警执法，且语言挑衅值班民警。被告某县公安局针对原告以上行为，于2020年6月18日作出行政处罚决定书，决定给予任某行政拘留八日的行政处罚。该处罚决定尚未执行。原告对该行政处罚不服，依法向法院提起行政诉讼。

关于被诉处罚决定认定事实是否清楚，适用法律是否正确的问题。《治安管理处罚法》第五十条规定："有下列行为之一的，处警告或者二百元以下罚款；情节严重的，处五日以上十日以下拘留，可以并处五百元以下罚款：……（二）阻碍国家机关工作人员依法执行职务的；……阻碍人民警察依法执行职务的，从重处罚。"本案中，闫某远、范某明、滕某建、吕某雨等人的询问笔录、辨认笔录及视频录像能够证明上诉人任某在某县公安局特巡警大队工作人员到场情况下，存在不配合民警执法、涉嫌酒后驾驶等行为，因此，被诉行政处罚决定认定事实清楚，适用前述法律规定正确。

● **相关规定**

《刑法》第277条；《违反公安行政管理行为的名称及其适用意见》第107-110条

第六十二条　对招摇撞骗行为的处罚

冒充国家机关工作人员招摇撞骗的，处十日以上十五日以下拘留，可以并处一千元以下罚款；情节较轻的，处五日以上十日以下拘留。

冒充军警人员招摇撞骗的，从重处罚。

盗用、冒用个人、组织的身份、名义或者以其他虚假身份招摇撞骗的，处五日以下拘留或者一千元以下罚款；情节较重的，处五日以上十日以下拘留，可以并处一千元以下罚款。

● **条文注释**

国家机关工作人员，指国家立法、监察、行政、司法等部门中依法代表国家履行公务的工作人员。冒充国家机关工作人员的"冒充"包括两种情况：一是指行为人本身并不具备国家机关工作人员的身份，而是通过一定的方式，以国家机关工作人员的名义对外开展活动。该特定的方式可以包括口头宣称自己是国家机关工作人员；或者通过伪造、变造有关公文、身份证件以及其他证明文件等方式，证明自己是国家机关工作人员。二是行为人本身是国家机关工作人员，但是其冒充其他国家机关工作人员的身份或者职位，尤其是冒充比其本人身份或者职位更高或者更重要的国家机关工作人员。招摇撞骗，指行为人为了达到骗取财物、吃喝以及其他非法目的，或者为了谋取其他非法利益，利用其假冒的国家工作人员的特殊身份，向他人炫耀，骗取他人信任，从而骗取他人财物或者其他利益的行为。"以其他虚假身份招摇撞骗"是指除冒充国家机关工作人员的情形外，行为人还借助于其他虚假的身份来实施招摇撞骗行为。例如，社会无业游民编造虚假的学历证明，冒充某著名高校的博士毕业生来另一地高校求职；某人冒充知名人士后人来骗取钱财等，都是属于此类行为。

军警人员即军人和警察。所谓"军人"，是指中国人民解放军和武警部队的现役军（警）官、文职干部、士兵、具有军籍的学员以及执行军事任务的预备役人员和其他人员。所谓"警察"，是指公安机关、国家安全机关、监狱等机关的人民警察和人民法院、人民检察院的司法警察。只要行为人冒充的国家机关工作人员身份是上述军警人员，就从重处罚。

● **典型案例**

陈某科等招摇撞骗案 ［（2021）京03刑终357号　人民法院案例库入库编号：2023-03-1-236-001］

　　行为人冒充国家机关工作人员身份实施招摇撞骗的行为，其本质在于行为人利用国家机关工作人员身份或职权，欺骗一般大众对国家机关及工作人员管理职权的信赖，行为人采用的是冒充国家机关工作人员的手段致使人民群众以为不法行为是国家机关工作人员所为，因而直接破坏了国家机关的威信及其正常的活动，这也是招摇撞骗罪的实质危害所在。判断冒充虚构的国家机关工作人员招摇撞骗是否构成犯罪时，需要考察行为人是否侵犯了国家机关的信誉，危害一般民众对真实国家机关及工作人员的信任以及是否侵犯了国家机关的形象和正常的秩序。招摇撞骗罪与诈骗罪侵犯的法益不同，二者存在交叉竞合关系，应同时结合在案的证据，判断行为人能够达到诈骗的程度，全面评价法益侵害性，择一重罪处罚。冒充虚构的国家机关工作人员，足以使一般人信以为真，应当视为冒充国家机关工作人员。招摇撞骗罪是结果犯，招摇撞骗行为对国家机关形象及正常工作秩序造成损害，无论行为人是否实际获得目标非法利益，即构成既遂。

第六十三条 对伪造、变造、买卖公文、证件、票证、船舶户牌行为的处罚

有下列行为之一的，处十日以上十五日以下拘留，可以并处五千元以下罚款；情节较轻的，处五日以上十日以下拘留，可以并处三千元以下罚款：

（一）伪造、变造或者买卖国家机关、人民团体、企业、事业单位或者其他组织的公文、证件、证明文件、印章的；

（二）出租、出借国家机关、人民团体、企业、事业单位或者其他组织的公文、证件、证明文件、印章供他人非法使用的；

（三）买卖或者使用伪造、变造的国家机关、人民团体、企业、事业单位或者其他组织的公文、证件、证明文件、印章的；

（四）伪造、变造或者倒卖车票、船票、航空客票、文艺演出票、体育比赛入场券或者其他有价票证、凭证的；

（五）伪造、变造船舶户牌，买卖或者使用伪造、变造的船舶户牌，或者涂改船舶发动机号码的。

● 条文注释

伪造，指无权制作公文、证件、证明文件、印章、有价票证、凭证、船舶户牌的人，非法制作国家机关、人民团体、企业、事业单位或者其他组织的公文、证件、证明文件、印章、有价票证、凭证、船舶户牌的行为。变造，是指采用涂改、擦消、拼接等方法，对真实合法的公文、证件、证明文件、印章、有价票证、凭证、船舶户牌等进行改造，变更其原来真实内容的行为。倒卖，是指为了某种目的，非法购买或销售国家机关、人民团体、企业、事业单位

或者其他组织的公文、证件、证明文件、印章、有价票证、凭证、船舶户牌的行为。

此外,《刑法修正案(九)》将《刑法》第二百八十条修改为:"伪造、变造、买卖或者盗窃、抢夺、毁灭国家机关的公文、证件、印章的,处三年以下有期徒刑、拘役、管制或者剥夺政治权利,并处罚金;情节严重的,处三年以上十年以下有期徒刑,并处罚金。伪造公司、企业、事业单位、人民团体的印章的,处三年以下有期徒刑、拘役、管制或者剥夺政治权利,并处罚金。伪造、变造、买卖居民身份证、护照、社会保障卡、驾驶证等依法可以用于证明身份的证件的,处三年以下有期徒刑、拘役、管制或者剥夺政治权利,并处罚金;情节严重的,处三年以上七年以下有期徒刑,并处罚金。"之后,伪造驾驶证、社会保障卡等也依法入罪,注意区分治安管理处罚行为和犯罪行为。

● **相关规定**

《刑法》第 227 条

第六十四条 对船舶擅自进入禁止、限入水域或岛屿行为的处罚

船舶擅自进入、停靠国家禁止、限制进入的水域或者岛屿的,对船舶负责人及有关责任人员处一千元以上二千元以下罚款;情节严重的,处五日以下拘留,可以并处二千元以下罚款。

● **相关规定**

《违反公安行政管理行为的名称及其适用意见》第 118 条

第六十五条 对违法设立社会团体行为的处罚

有下列行为之一的,处十日以上十五日以下拘留,可以并处五千元以下罚款;情节较轻的,处五日以上十日以下拘留或者一千元以上三千元以下罚款:

(一)违反国家规定,未经注册登记,以社会团体、基金会、社会服务机构等社会组织名义进行活动,被取缔后,仍进行活动的;

(二)被依法撤销登记或者吊销登记证书的社会团体、基金会、社会服务机构等社会组织,仍以原社会组织名义进行活动的;

(三)未经许可,擅自经营按照国家规定需要由公安机关许可的行业的。

有前款第三项行为的,予以取缔。被取缔一年以内又实施的,处十日以上十五日以下拘留,并处三千元以上五千元以下罚款。

取得公安机关许可的经营者,违反国家有关管理规定,情节严重的,公安机关可以吊销许可证件。

● **实用问答**

问:电竞酒店未取得特种行业许可证,擅自经营旅馆业的,如何处理?[1]

答:电竞酒店未取得特种行业许可证,擅自经营旅馆业的,由公安机关依照《治安管理处罚法》第五十四条予以处罚,并对非法经营行为予以取缔。

---

[1] 参见《关于加强电竞酒店管理中未成年人保护工作的通知》,载公安部网站,https://www.mps.gov.cn/n6557563/c9148413/content.html,最后访问时间:2025年6月23日。

● *相关规定*

《社会团体登记管理条例》第 32 条;《公安机关执行〈中华人民共和国治安管理处罚法〉有关问题的解释》第 4 条、第 6 条;《违反公安行政管理行为的名称及其适用意见》第 119-121 条

第六十六条 对非法集会、游行、示威行为的处罚

煽动、策划非法集会、游行、示威,不听劝阻的,处十日以上十五日以下拘留。

● *条文注释*

在本条规定中,所谓"非法"集会、游行、示威活动,主要就是指违反《集会游行示威法》的有关规定举行的集会、游行、示威活动,包括未经批准而组织的集会、游行、示威活动以及在集会、游行、示威活动过程中,出现违反法律、法规规定的过激行为,侵害他人的人身财产权利或者有其他破坏社会秩序的行为。

● *相关规定*

《集会游行示威法》第 7 条、第 12 条

第六十七条 对旅馆工作人员违反规定行为的处罚

从事旅馆业经营活动不按规定登记住宿人员姓名、有效身份证件种类和号码等信息的,或者为身份不明、拒绝登记身份信息的人提供住宿服务的,对其直接负责的主管人员和其他直接责任人员处五百元以上一千元以下罚款;情节较轻的,处警告或者五百元以下罚款。

实施前款行为,妨害反恐怖主义工作进行,违反《中华人民共和国反恐怖主义法》规定的,依照其规定处罚。

从事旅馆业经营活动有下列行为之一的，对其直接负责的主管人员和其他直接责任人员处一千元以上三千元以下罚款；情节严重的，处五日以下拘留，可以并处三千元以上五千元以下罚款：

（一）明知住宿人员违反规定将危险物质带入住宿区域，不予制止的；

（二）明知住宿人员是犯罪嫌疑人员或者被公安机关通缉的人员，不向公安机关报告的；

（三）明知住宿人员利用旅馆实施犯罪活动，不向公安机关报告的。

● *条文注释*

旅馆接待旅客住宿必须登记。登记时，应当查验旅客的身份证件，按规定的项目如实登记。登记的内容包括旅客的姓名、身份证件种类和号码。接待境外旅客住宿，还应当在二十四小时内向当地公安机关报送住宿登记表。此外，根据《旅馆业治安管理办法》第九条的规定，旅馆工作人员发现违法犯罪分子，行迹可疑的人员和被公安机关通缉的罪犯，应当立即向当地公安机关报告，不得知情不报或隐瞒包庇。这是旅馆业工作人员的义务，违反此义务的应当接受处罚。

● *相关规定*

《旅馆业治安管理办法》；《违反公安行政管理行为的名称及其适用意见》第 123–125 条

第六十八条　对违法出租房屋行为的处罚

房屋出租人将房屋出租给身份不明、拒绝登记身份信息的人的，或者不按规定登记承租人姓名、有效身份证件种类和号码等信息的，处五百元以上一千元以下罚款；情节较轻的，处警告或者五百元以下罚款。

房屋出租人明知承租人利用出租房屋实施犯罪活动，不向公安机关报告的，处一千元以上三千元以下罚款；情节严重的，处五日以下拘留，可以并处三千元以上五千元以下罚款。

● **条文注释**

根据《租赁房屋治安管理规定》，房屋出租人承担以下义务：（1）不准将房屋出租给无合法有效证件的承租人；（2）必须准确登记承租人身份证件种类和号码；（3）明知承租人是利用出租房屋进行犯罪活动的，必须向公安机关报告。本条即是据此规定的三项违法出租房屋的行为。

● **典型案例**

牟某、王某容留卖淫案［（2023）鲁02刑终42号　人民法院案例库入库编号：2024-02-1-371-001］

容留卖淫，是指为卖淫人员从事卖淫活动提供场所的行为。认定房屋出租者是否构成容留卖淫罪，关键要把握出租者的主观故意，即其是否明知承租人租赁房屋是从事卖淫嫖娼活动，如在案证据证实房屋出租者在明知的情况下仍出租房屋，为对方容留卖淫创造条件、提供帮助的，可认定构成容留卖淫罪的共同犯罪。

第六十九条　对特定行业经营者不依法登记信息行为的处罚

娱乐场所和公章刻制、机动车修理、报废机动车回收行业经营者违反法律法规关于要求登记信息的规定，不登记信息的，处警告；拒不改正或者造成后果的，对其直接负责的主管人员和其他直接责任人员处五日以下拘留或者三千元以下罚款。

第七十条　对非法安装、使用、提供窃听、窃照专用器材行为的处罚

非法安装、使用、提供窃听、窃照专用器材的，处五日以下拘留或者一千元以上三千元以下罚款；情节较重的，处五日以上十日以下拘留，并处三千元以上五千元以下罚款。

● **典型案例**

　　颜某平、颜某建非法使用窃照专用器材案[①]（最高人民法院发布依法惩治非法生产、销售、使用窃听、窃照设备犯罪典型案例）

　　2021年3月以来，被告人颜某平、颜某建为了偷拍他人隐私，在电商平台购买窃照专用器材，分别安装在三家酒店的多个房间内，使用手机APP将窃照专用器材与酒店房间内WIFI和自己的手机配对连接，并设置了远程使用手机APP观看房间内实时监控录像、回放录像、下载录像的功能。颜某建、颜某平通过手机APP实时观看时，若发现酒店房间内有人发生性行为，就将相关视频和截图下载至手机观看、保存并存储于颜某建的笔记本电脑内。2021年10月7日晚，旅客唐某某发现房间内安装有窃照器材，随后联系酒店并报警。

　　法院经审理认为，被告人颜某平、颜某建非法使用窃照专用器材，

[①] 参见最高人民法院网站，https://www.court.gov.cn/zixun/xiangqing/449581.html，最后访问时间：2025年7月8日。

造成严重后果,其行为均已构成非法使用窃照专用器材罪。颜某平到案后,如实供述自己的犯罪事实,系坦白,依法予以从轻处罚。颜某建自动到案后,如实供述自己的犯罪事实,系自首,依法予以从轻处罚。颜某平、颜某建均自愿认罪认罚,依法予以从宽处理。根据颜某平、颜某建犯罪的事实、性质、情节和对于社会的危害程度,以非法使用窃照专用器材罪判处颜某平有期徒刑一年三个月,判处颜某建有期徒刑一年。一审宣判后,在法定期限内没有上诉、抗诉,判决已发生法律效力。

第七十一条 对违法典当、收购行为的处罚

有下列行为之一的,处一千元以上三千元以下罚款;情节严重的,处五日以上十日以下拘留,并处一千元以上三千元以下罚款:

(一)典当业工作人员承接典当的物品,不查验有关证明、不履行登记手续的,或者违反国家规定对明知是违法犯罪嫌疑人、赃物而不向公安机关报告的;

(二)违反国家规定,收购铁路、油田、供电、电信、矿山、水利、测量和城市公用设施等废旧专用器材的;

(三)收购公安机关通报寻查的赃物或者有赃物嫌疑的物品的;

(四)收购国家禁止收购的其他物品的。

● 条文注释

根据中国人民银行发布的《典当行管理暂行办法》规定,典当业,是指以实物占有转移形式为非国有中、小企业和公民个人临时性质押贷款的特殊行业。由于典当行业容易被违法犯罪分子利用进行销赃活动,为了加强治安管理,保护群众的合法利益和典当行的合法经营,将其纳入特种行业管理。

第七十二条　对妨害执法秩序行为的处罚

有下列行为之一的,处五日以上十日以下拘留,可以并处一千元以下罚款;情节较轻的,处警告或者一千元以下罚款:

(一)隐藏、转移、变卖、擅自使用或者损毁行政执法机关依法扣押、查封、冻结、扣留、先行登记保存的财物的;

(二)伪造、隐匿、毁灭证据或者提供虚假证言、谎报案情,影响行政执法机关依法办案的;

(三)明知是赃物而窝藏、转移或者代为销售的;

(四)被依法执行管制、剥夺政治权利或者在缓刑、暂予监外执行中的罪犯或者被依法采取刑事强制措施的人,有违反法律、行政法规或者国务院有关部门的监督管理规定的行为的。

● **条文注释**

隐藏、转移、变卖、擅自使用或者损毁行政执法机关依法扣押、查封、冻结、扣留、先行登记保存的财物的行为。行政机关在依法强制执行的过程中,可以采取必要的行政强制措施,如对财产的查封、扣押,对违法行为人在银行的账户予以冻结等。对于已经采取行政强制措施的财物,非经行政执法机关的同意,任何人不得随意变动、处置,否则,就侵犯了执法行政机关的办案权。行为人实施隐藏、转移、变卖或者损毁的行为,构成对行政机关权利的蔑视,应当受到处罚。

伪造、隐匿、毁灭证据或者提供虚假证言、谎报案情,影响行政执法机关依法办案的行为。行政执法机关在其执法活动过程中,为了调查案件的需要,往往要向有关的行政相对人调查取证,公民有如实作证的义务,这种如实作证的义务,一方面是基于法律的规定;另一方面也是行政执法活动的客观需要。有关单位和个人不履行法定义务的，应当依法承担相应的法律责任。从本项条文的规定来看，实际上包含三方面的行为：一是伪造、隐匿、毁灭证据；二是提供虚假证言；三是谎报案情。这三方面的行为都必须足以影响行政执法机关依法办案的，才能予以处罚。

明知是赃物而窝藏、转移或者代为销售的行为。在本项规定中，所谓"赃物"是指行为人利用非法手段取得的各种物品、资料，包括以抢劫、抢夺、诈骗、敲诈勒索和偷盗、哄抢等方式取得的各种物品；"窝藏"，即明知是赃物，而帮助违法行为人把物品隐藏起来，以防止失主或者公安机关查询；"转移"是指变更赃物所在的位置，使得公安机关等部门无法有效地追查赃物；"代为销售"是指接受赃物拥有人的委托，意图将赃物卖出去的行为。

被依法执行管制、剥夺政治权利或者在缓刑、暂予监外执行中的罪犯或者被依法采取刑事强制措施的人，有违反法律、行政法规或者国务院公安部门有关监督管理规定的行为的。

● **相关规定**

《违反公安行政管理行为的名称及其适用意见》第 135-140 条

第七十三条　对违反禁止性行为的处罚

有下列行为之一的，处警告或者一千元以下罚款；情节较重的，处五日以上十日以下拘留，可以并处一千元以下罚款：

（一）违反人民法院刑事判决中的禁止令或者职业禁止决定的；

（二）拒不执行公安机关依照《中华人民共和国反家庭暴力法》、《中华人民共和国妇女权益保障法》出具的禁止家庭暴力告诫书、禁止性骚扰告诫书的；

（三）违反监察机关在监察工作中、司法机关在刑事诉讼中依法采取的禁止接触证人、鉴定人、被害人及其近亲属保护措施的。

● *典型案例*

韩某甲、张某诉韩某申请人身安全保护令案（人民法院案例库2023-14-2-442-001）

在变更抚养关系纠纷中，未成年人因遭受家庭暴力或面临家庭暴力的现实危险，向人民法院申请人身安全保护令，请求将未成年人暂由其他监护人直接抚养的，人民法院经审理后认为符合《中华人民共和国反家庭暴力法》第二十七条规定的，可依当事人申请作出人身安全保护令裁定，指定其他监护人行使临时直接抚养权，该措施属于《中华人民共和国反家庭暴力法》第二十九条第四项规定的"保护申请人人身安全的其他措施"。

第七十四条 对依法被关押的违法行为人脱逃行为的处罚

依法被关押的违法行为人脱逃的，处十日以上十五日以下拘留；情节较轻的，处五日以上十日以下拘留。

第七十五条 对妨害文物管理行为的处罚

有下列行为之一的，处警告或者五百元以下罚款；情节较重的，处五日以上十日以下拘留，并处五百元以上一千元以下罚款：

（一）刻划、涂污或者以其他方式故意损坏国家保护的文物、名胜古迹的；

（二）违反国家规定，在文物保护单位附近进行爆破、钻探、挖掘等活动，危及文物安全的。

第七十六条 对非法驾驶交通工具行为的处罚

有下列行为之一的，处一千元以上二千元以下罚款；情节严重的，处十日以上十五日以下拘留，可以并处二千元以下罚款：

（一）偷开他人机动车的；

（二）未取得驾驶证驾驶或者偷开他人航空器、机动船舶的。

● **典型案例**

伊宁县某局、依某行政处罚行政非诉审查案[①] [（2024）新4021行审12号]

依某于2024年2月28日凌晨3时30分许，未取得驾驶证偷开被害人杨某停放在伊宁县某职工宿舍门前的某牌面包车。2024年3月5日，伊宁县某局依据《中华人民共和国治安管理处罚法》第六十四条第一款、第二十条第四项，《中华人民共和国道路交通安全法》第九十九条第一款第一项、第二项之规定，作出行政处罚决定：对依某以无有效机动车驾驶证驾驶机动车行政拘留十日，并处罚款一千五百元；以偷开机动车行政拘留十五日，并处罚款六百元，合并执行行政拘留二十日。

---

① 参见中国裁判文书网，https://wenshu.court.gov.cn/website/wenshu/181107ANFZ0BXSK4/index.html?docId=EmoQ6ORmLEdZFi4Aceo7n/jmlKKCkHQ8yV8hkAiBokC4x5a2FrLpjPUKq3u+IEo4xrhYIUL6n/HlIb6F6BMZlyN05NRB6QgWvb77MR4zDn5dNxtBRPSbTWIAAiHOOxT2，最后访问时间：2025年7月18日。

● **相关规定**

《最高人民法院、最高人民检察院关于办理盗窃刑事案件适用法律问题的解释》第 10 条

第七十七条　对破坏他人坟墓、尸体和乱停放尸体行为的处罚

有下列行为之一的，处五日以上十日以下拘留；情节严重的，处十日以上十五日以下拘留，可以并处二千元以下罚款：

（一）故意破坏、污损他人坟墓或者毁坏、丢弃他人尸骨、骨灰的；

（二）在公共场所停放尸体或者因停放尸体影响他人正常生活、工作秩序，不听劝阻的。

第七十八条　对卖淫、嫖娼行为的处罚

卖淫、嫖娼的，处十日以上十五日以下拘留，可以并处五千元以下罚款；情节较轻的，处五日以下拘留或者一千元以下罚款。

在公共场所拉客招嫖的，处五日以下拘留或者一千元以下罚款。

● **条文注释**

卖淫、嫖娼是不特定的人之间以金钱、财物为媒介，发生性关系的行为。发生性行为的方式也有多种。但是要注意将此行为区别于一般娱乐业、饮食服务业等一些场所，为了招揽生意，引诱、组织一些女子同顾客进行一些下流的举动和行为，如进行猥亵行为，但是没有发生性关系，对这些行为就不应当按照卖淫嫖娼处理。

拉客招嫖行为，是指行为人在公共场所，如宾馆、饭店、娱乐场所、街道等区域，以语言挑逗或者肢体动作强拉硬拽等方式，意图使他人嫖娼的行为。构成该行为需要同时满足三个条件：公共场所、拉客、招嫖。

● **相关规定**

《娱乐场所管理条例》第14条、第30条；《违反公安行政管理行为的名称及其适用意见》第151-153条

第七十九条　对引诱、容留、介绍卖淫行为的处罚

引诱、容留、介绍他人卖淫的，处十日以上十五日以下拘留，可以并处五千元以下罚款；情节较轻的，处五日以下拘留或者一千元以上二千元以下罚款。

● **条文注释**

引诱他人卖淫，是指行为人为了达到某种目的，以金钱诱惑或者通过宣扬腐朽生活方式等手段，诱使没有卖淫习性的人从事卖淫活动的行为。介绍他人卖淫，指行为人为了获取非法利益，在卖淫者与嫖娼者之间牵线搭桥，使卖淫者与嫖客相识并进行卖淫嫖娼活动，俗称"拉皮条"。容留他人卖淫，指行为人出于故意为卖淫嫖娼者的卖淫、嫖娼活动提供场所，使该活动得以进行的行为。容留他人卖淫的场所多种多样，如私人住宅、汽车、自己管理的饭店、宾馆等。容留他人卖淫的期限可以是长期的，如将房屋长期租给卖淫嫖娼者使用，也可以是短期的或者临时的。

● **典型案例**

阎某介绍卖淫案 [（2017）辽 0111 刑初 63 号　人民法院案例库入库编号：2023-05-1-371-002]

（1）行为人线上介绍他人卖淫嫖娼致他人线下达成卖淫嫖娼交易，但并未对卖淫嫖娼活动实施管理或者控制行为，应当认定为介绍卖淫罪。（2）对于利用信息网络发布招嫖信息，情节严重的行为，根据法律的规定，可以按照非法利用信息网络罪来追究刑事责任。对于确实促成一定数量的卖淫嫖娼人员达成交易的，可适用介绍卖淫罪追究责任。在同时构成非法利用信息网络罪和介绍卖淫罪时，应当依照处罚较重的规定定罪处罚。

● **相关规定**

《刑法》第 358-359 条

第八十条　对传播淫秽信息行为的处罚

制作、运输、复制、出售、出租淫秽的书刊、图片、影片、音像制品等淫秽物品或者利用信息网络、电话以及其他通讯工具传播淫秽信息的，处十日以上十五日以下拘留，可以并处五千元以下罚款；情节较轻的，处五日以下拘留或者一千元以上三千元以下罚款。

前款规定的淫秽物品或者淫秽信息中涉及未成年人的，从重处罚。

● **条文注释**

"制作"，是指生产、录制、编写、翻译、绘画、印刷、刻印、摄制、洗印等行为。"运输"，指利用飞机、火车、汽车、轮船等交通工具或采用随身携带的方式，将物品从一处运往另一处的行为。"复制"，指通过翻印、翻拍、复印、复写、复录等方式重复制作的行为。"出售"，指销售，包括批发和零售。"出租"，指不改变物品所有权，以收取租金获利的行为。以上五种行为方式都是以淫秽物品为载体，侵犯社会管理秩序和良好社会风尚的行为。只要实施了其中的一种，便可以给予治安管理处罚。

● 实用问答

问：对出售带有淫秽内容的文物的行为可否予以治安处罚？[①]

答：公安机关查获的带有淫秽内容的物品可能是文物的，应当依照《文物保护法》等有关规定进行文物认定。经文物行政部门认定为文物的，不得对合法出售文物的行为予以治安管理处罚。

● 相关规定

《刑法》第363-364条、第367条；《互联网上网服务营业场所管理条例》第14条；《违反公安行政管理行为的名称及其适用意见》第155-156条

第八十一条 对组织、参与淫秽活动的处罚

有下列行为之一的，处十日以上十五日以下拘留，并处一千元以上二千元以下罚款：

（一）组织播放淫秽音像的；

（二）组织或者进行淫秽表演的；

（三）参与聚众淫乱活动的。

[①] 参见《公安部关于对出售带有淫秽内容的文物的行为可否予以治安管理处罚问题的批复》，载公安部网站，https://app.mps.gov.cn/gdnps/pc/conten.jsp?id=7438334，最后访问时间：2025年6月23日。

明知他人从事前款活动，为其提供条件的，依照前款的规定处罚。

组织未成年人从事第一款活动的，从重处罚。

● 条文注释

组织播放淫秽音像，是指播放淫秽电影、录像、幻灯片、录音带、激光唱片、存储有淫秽内容的计算机软件等音像制品，并召集多人观看、收听的行为。这里要追究的是组织多人观看淫秽音像的播放者，而不是播放淫秽音像制品的个人或者参与观看的人。行为人组织播放行为并不是以营利为目的，其具体目的在认定本行为时并不考虑。另外，如果行为人播放淫秽物品自己观看而没有组织他人观看的，不构成本行为。

组织淫秽表演，是指组织他人当众进行淫秽性的表演。组织是指策划表演的过程，纠集、招募、雇佣表演者，寻找、租用表演场地，招揽群众等组织演出的行为。进行淫秽表演，是指自己参与具体的淫秽表演。所谓淫秽表演，主要是指跳脱衣舞、裸体舞、性交表演、手淫口淫等表演。

聚众淫乱，是指在组织者或首要分子的组织、纠集下，多人聚集在一起进行淫乱活动，如进行性交表演、聚众奸宿等，且性别不限。因其造成非常不良的社会影响，伤风败俗，扰乱正常的社会管理秩序，应予惩罚。本行为处罚的对象是聚众淫乱活动的参与者，对于组织者，只要有组织行为即构成犯罪。

● 相关规定

《刑法》第301条、第364-365条

第八十二条　对赌博行为的处罚

以营利为目的，为赌博提供条件的，或者参与赌博赌资较大的，处五日以下拘留或者一千元以下罚款；情节严重的，处十日以上十五日以下拘留，并处一千元以上五千元以下罚款。

● **典型案例**

赵某诉某市公安局、某市人民政府治安行政处罚和行政复议案[①]
[（2019）湘行再74号]

2017年7月28日上午11时许，赵某回家途经某市××北区某门店时，进入该门店开始玩"J"板机，赵某交给该店服务员20元上了2000分，采取单注上分100分（1元）的玩法。不久某市公安局民警赶到将赵某带离该门店，此时赵某尚无输赢。在冷水江公安局冷水江派出所期间，某市公安局民警从赵某身上搜走现金172.5元。同日，某市公安局作出冷公（冷）决字（2017）第0767号《公安行政处罚决定书》，内容为：2017年7月28日，违法嫌疑人赵某在某市××北区某店内与刘某山、刘某新利用"J"板机进行赌博，上分20元，没有输赢。根据《治安管理处罚法》第七十条之规定，决定对赵某行政拘留五日。目前该拘留决定已执行完毕。后赵某对该行政处罚决定不服申请行政复议，2017年11月2日，某市人民政府作出《行政复议决定书》，决定维持某市公安局作出的《公安行政处罚决定书》。

---

① 参见中国裁判文书网，https：//wenshu.court.gov.cn/website/wenshu/181107ANFZ0BXSK4/index.html?docId＝pmAZVhQE3N7ut/2k8JrPxlC0tE＋qMl9IpN0EwZr77tkEBSj9GXKFgvUKq3u＋IEo4xrhYIUL6n/HlIb6F6BMZlyN05NRB6QgWvb77MR4zDn6Xhn956miWxs9ZBlTzpz33，最后访问时间：2025年6月27日。

根据《治安管理处罚法》第七十条规定，以营利为目的，为赌博提供条件的，或者参与赌博赌资较大的，处五日以下拘留或者五百元以下罚款；情节严重的，处十日以上十五日以下拘留，并处五百元以上三千元以下罚款。《湖南省公安行政处罚裁量权基准》第八十三条对赌博违法行为情形和处罚基准作了更具体的规定，该基准规定一般情节的违法行为情形有：（1）单注金额二十元以上五十元以下的，或全场输赢额两千元以上不足五千元的；（2）参与"地下六合彩""赌球""扳砣子""斗牛""三跟（公）""推牌九"等方式赌博，单注金额二十元以下或全场输赢额二千元以下的；（3）设置一台赌博机（台数按照能够独立供一人进行赌博活动的操作基本单元的数量认定，以下均同）进行赌博的。针对上述一般情节的违法行为处罚基准为：处五日以上拘留或者五百元以下罚款。本案中，再审申请人赵某于2017年7月28日在某市××北区"阿××"门店利用"J"板机进行赌博，上分20元，单注1元，之后公安民警从其身上搜缴现金172.5元。赵某的行为具有治安管理一般违法性。某市公安局依照《治安管理处罚法》及《湖南省公安行政处罚裁量权基准》第八十三条的规定，对其作出处罚符合法律规定，但作出"对赵某行政拘留五日的行政处罚决定"明显不当，应当予以纠正。

● **相关规定**

《刑法》第303条；《娱乐场所管理条例》第14条

第八十三条　对涉及毒品原植物行为的处罚

有下列行为之一的，处十日以上十五日以下拘留，可以并处五千元以下罚款；情节较轻的，处五日以下拘留或者一千元以下罚款：

（一）非法种植罂粟不满五百株或者其他少量毒品原植物的；

（二）非法买卖、运输、携带、持有少量未经灭活的罂粟等毒品原植物种子或者幼苗的；

（三）非法运输、买卖、储存、使用少量罂粟壳的。

有前款第一项行为，在成熟前自行铲除的，不予处罚。

● **条文注释**

本条规定了针对毒品原植物进行违法活动的行为，其与刑法中规定的犯罪行为的不同在于数量少，因而不构成刑事处罚。行为的方式主要有非法种植、买卖、携带、持有、储存、使用等，由于毒品原植物及其种子、幼苗，甚至罂粟壳都可以用来制造毒品，严重危害人身健康和社会安定，故应当对这些非法行为予以处罚。需要注意的是本条第二款的规定，毒品原植物成熟之前，不是在执法人员强制下铲除，而是自行铲除的，不予处罚。不予处罚，是指只要有本款规定的情形，一律不予处罚。

● **典型案例**

打击毒品违法犯罪典型案例 [（2021）宁03刑终186号 人民法院案例库入库编号：2023-06-1-361-001]

种植大麻二千平方米以上不满一万二千平方米，尚未出苗的，为非法种植毒品原植物数量较大，判处五年以下有期徒刑、拘役或者管制，并处罚金；超过上述最高标准的，应当认定为数量大，判处五年以上有期徒刑，并处罚金或者没收财产。行为人同时具有自首、认罪认罚等情节的，应依法从宽处罚。

● **相关规定**

《刑法》第351条;《禁毒法》第19-20条

第八十四条　对毒品违法行为的处罚

有下列行为之一的,处十日以上十五日以下拘留,可以并处三千元以下罚款;情节较轻的,处五日以下拘留或者一千元以下罚款:

(一)非法持有鸦片不满二百克、海洛因或者甲基苯丙胺不满十克或者其他少量毒品的;

(二)向他人提供毒品的;

(三)吸食、注射毒品的;

(四)胁迫、欺骗医务人员开具麻醉药品、精神药品的。

聚众、组织吸食、注射毒品的,对首要分子、组织者依照前款的规定从重处罚。

吸食、注射毒品的,可以同时责令其六个月至一年以内不得进入娱乐场所、不得擅自接触涉及毒品违法犯罪人员。违反规定的,处五日以下拘留或者一千元以下罚款。

● **条文注释**

本条规定的违法行为共有四类:一是非法持有毒品的行为。非法持有毒品的行为,指违反法律和有关国家规定,未经有权部门批准,占有、携带、储存或者以其他方式持有少量毒品而尚不构成刑事处罚的行为。行为人持有可以是带在自己身上,也可以是将毒品藏在某处,还可以是将毒品委托他人保管。二是向他人提供毒品的行为。该行为一般情况是指向他人免费提供毒品,如果行为人通过交易向他人提供毒品的，则构成贩毒罪；另一种向他人提供毒品的行为是指依法从事生产、运输、管理、使用国家管制的麻醉药品、精神药品的人员，违反国家规定，向吸食、注射毒品的人员提供能使人形成瘾癖的麻醉药品、精神药品，包括赠予和出售。三是吸食、注射毒品的行为。行为人吸食、注射毒品的行为本身就具有违法性。如果是为了治疗疾病合理使用吗啡等药物的，则不构成违反治安管理的行为。四是胁迫、欺骗医务人员开具麻醉药品、精神药品的行为，如胁迫医务人员开具杜冷丁的行为。本条中的毒品包括鸦片、海洛因、甲基苯丙胺、吗啡、大麻、可卡因以及国家规定管制的其他能够使人形成瘾癖的麻醉药品和精神药品。

● **相关规定**

《公安机关执行〈中华人民共和国治安管理处罚法〉有关问题的解释（二）》第9条

第八十五条 对教唆、引诱、欺骗他人吸食、注射毒品行为的处罚

引诱、教唆、欺骗或者强迫他人吸食、注射毒品的，处十日以上十五日以下拘留，并处一千元以上五千元以下罚款。

容留他人吸食、注射毒品或者介绍买卖毒品的，处十日以上十五日以下拘留，可以并处三千元以下罚款；情节较轻的，处五日以下拘留或者一千元以下罚款。

● **条文注释**

在本条中，教唆，指以劝说、怂恿、激将等方法，唆使他人吸食、注射毒品的行为。引诱，指采取勾引、诱使、拉拢他人吸食、注

射毒品的行为，如向他人讲述吸食毒品的快感等。欺骗，指采取隐瞒事实真相的语言和行为，使他人在不知道是毒品的情况下吸食、注射毒品，如行为人把毒品放入卷烟中让其他不明真相的人吸食。依据本条的规定，只要行为人实施了教唆、引诱、欺骗他人吸食、注射毒品的行为，不论被教唆、被引诱以及被欺骗的人是否最终吸食或者注射了毒品，都构成违法，应当依法给予处罚。

第八十六条 对非法生产、经营、购买、运输用于制造毒品的原料、配剂行为的处罚

违反国家规定，非法生产、经营、购买、运输用于制造毒品的原料、配剂的，处十日以上十五日以下拘留；情节较轻的，处五日以上十日以下拘留。

第八十七条 对服务行业人员通风报信行为的处罚

旅馆业、饮食服务业、文化娱乐业、出租汽车业等单位的人员，在公安机关查处吸毒、赌博、卖淫、嫖娼活动时，为违法犯罪行为人通风报信的，或者以其他方式为上述活动提供条件的，处十日以上十五日以下拘留；情节较轻的，处五日以下拘留或者一千元以上二千元以下罚款。

● *条文注释*

此类违反治安管理行为的主体具有特殊性，即仅指旅馆业、饮食服务业、文化娱乐业、出租汽车业等单位的人员。本条规定的公安机关查处的违法行为的范围具有特定性，即只有在公安机关查处吸毒、赌博、卖淫、嫖娼活动时通风报信的，才依照本条规定处罚，为其他违法犯罪活动通风报信的，不按照本条规定处罚。另外，对于行为人

仅给予拘留处罚，不得进行罚款处罚或者以罚代拘。

● ***典型案例***

周某组织卖淫案［（2016）桂03刑终209号　人民法院案例库入库编号：2023-05-1-368-005］

组织卖淫，尤其是以容留卖淫为手段的组织卖淫与单纯的容留卖淫的主要区别在于：首先，行为人对卖淫人员的卖淫活动是否实施了管理、控制行为，即组织卖淫行为人最主要的行为特征是对卖淫活动进行了管理、控制，而容留卖淫行为人对卖淫人员的卖淫活动既不管理，更不控制，而仅仅提供固定或者临时租借的场所以及流动场所，对卖淫人员在何时卖淫、向谁卖淫、如何收费等均不过问，只收取一定的场所费用甚至不收取任何费用，至于卖淫人员的日常活动，均由卖淫人员自行安排。其次，两者在人数上也有一定的区别，即组织卖淫中的卖淫人员必须达到三人以上，而容留卖淫中的卖淫人员可以在三人以上，也可以在三人以下。如果行为人虽然实施了组织行为，但被组织卖淫人员的人数不到三人的，这种情况下只能依法降格作容留或介绍卖淫处理。

● ***相关规定***

《刑法》第362条

第八十八条　**对制造噪声干扰他人生活行为的处罚**

违反关于社会生活噪声污染防治的法律法规规定，产生社会生活噪声，经基层群众性自治组织、业主委员会、物业服务人、有关部门依法劝阻、调解和处理未能制止，继续干扰他人正常生活、工作和学习的，处五日以下拘留或者一千元以下罚款；情节严重的，处五日以上十日以下拘留，可以并处一千元以下罚款。

● **条文注释**

此处的噪声指的是社会生活噪声。社会生活噪声，是指人为活动所产生的除工业噪声、建筑施工噪声和交通运输噪声外的干扰周围生活环境的声音。制造噪声主要包括商业经营活动、娱乐场所、家庭使用的各种音响器材，如音箱、高音喇叭、乐器等，音量过大或者在休息时间装修房屋噪声过大，影响他人正常休息等。行为人在主观上是故意或者过失都可以，只要干扰了他人的正常生活就构成本行为。

● **典型案例**

周某诉某公安分局拖延履行法定职责案[1]（最高人民法院公布10起弘扬社会主义核心价值观典型案例之案例三）

原告周某居住在长沙市某社区，部分社区居民经常在晚上8点左右到其楼下的人行道上跳广场舞，音响器材音量过大，严重影响其安静生活。周某报警要求某公安分局依法进行处理。某公安分局接警后，多次到现场劝说跳舞居民将音响音量调小，或者更换跳舞场地，但一直未有明显效果。此后，原告向人民法院起诉，要求某公安分局依法处理。人民法院经审理认为，某公安分局对于原告报警所称的部分居民在原告楼下跳广场舞并使用音响器材这一行为是否存在违法事项、是否需要进行行政处罚等实质问题并未依法予以认定，遂判决某公安分局依法对周某的报案作出处理。判决生效后，该公安分局又数次对跳舞的居民进行劝解、教育，并加强与当地社区的合作，引导广场舞队转移至距离原处百米之外的空坪上。原告所住的社区也在政府部门的积极协调和支持下，与长沙某汽车

---

[1] 参见《最高人民法院公布10起弘扬社会主义核心价值观典型案例》之案例三，载最高人民法院网站，https://www.court.gov.cn/zixun/xiangqing/17612.html，最后访问时间：2025年6月27日。

站达成一致，将在车站附近建设一块专门用于广场舞等娱乐活动的健身场所，既避免噪声扰民，又给跳舞健身爱好者提供了自由活动的场所。

第八十九条　对饲养动物违法行为的处罚

饲养动物，干扰他人正常生活的，处警告；警告后不改正的，或者放任动物恐吓他人的，处一千元以下罚款。

违反有关法律、法规、规章规定，出售、饲养烈性犬等危险动物的，处警告；警告后不改正的，或者致使动物伤害他人的，处五日以下拘留或者一千元以下罚款；情节较重的，处五日以上十日以下拘留。

未对动物采取安全措施，致使动物伤害他人的，处一千元以下罚款；情节较重的，处五日以上十日以下拘留。

驱使动物伤害他人的，依照本法第五十一条的规定处罚。

● **条文注释**

本项规定要求造成一定的后果，即要求饲养动物的行为必须干扰了他人的正常生活。例如，饲养的一些动物因为生性凶猛，对附近居民的出行和心理健康造成影响，或者饲养的动物经常偷吃附近居民的东西，给他人造成一定的经济损失的，或者是饲养的动物吼叫的声音非常大，影响周围居民的休息。这里的动物也是广义的概念，既包括狗、猫等家庭常见动物，也包括蛇、蜥蜴等动物。放任动物恐吓他人的行为，是指动物饲养人对于所养的动物不加以约束，对其恐吓他人的情形持放任态度等。驱使动物伤害他人，行为人主观出于故意，主观恶性程度较深，动物已经成为其伤害他人的工具，其行为性质应定性为故意伤害他人身体的行为，按照本法其他规定处罚。

第四章 处罚程序

第一节 调查

第九十条 受理治安案件后的处理

公安机关对报案、控告、举报或者违反治安管理行为人主动投案，以及其他国家机关移送的违反治安管理案件，应当立即立案并进行调查；认为不属于违反治安管理行为的，应当告知报案人、控告人、举报人、投案人，并说明理由。

● **条文注释**

对于治安案件，首先由公安机关受理并予以登记，但受理不等于立案，还要经过一个受理后的审查程序，即通过公安机关及其人民警察的审查，来决定是否立案进行调查。经审查，如果公安机关认为属于违反治安管理行为的，则应当立案调查；如果公安机关认为不属于违反治安管理行为的，则应当告知相关人并说明理由。注意，此处的用词是"应当"，即公安机关在此情形下有调查、告知并说明理由的义务。

● **相关规定**

《公安机关办理行政案件程序规定》第 49-59 条

第九十一条 严禁非法取证

公安机关及其人民警察对治安案件的调查，应当依法进行。严禁刑讯逼供或者采用威胁、引诱、欺骗等非法手段收集证据。以非法手段收集的证据不得作为处罚的根据。

● **条文注释**

刑讯逼供，指采取刑讯或其他使人在肉体上剧烈痛苦的方法取得当事人的供述，达到屈打成招的目的。以刑讯逼供或者采用威胁、引诱、欺骗等非法手段收集的证据，往往是当事人在迫于压力的情形下作出的，因而其虚假性极大，极易造成冤假错案，且与尊重和保障人权的基本原则不符，因此应当禁止。非法手段包括很多种，除了刑讯逼供、威胁、引诱、欺骗以外，还包括冻饿、不允许休息、服用药物使其不清醒以及其他不人道的残忍或有辱人格的手段。注意，此处"非法证据"的范围相当广泛，包括使用"非法手段"收集的一切证据。对于这些非法证据应当予以排除，不应作为处罚的依据。此外，如果办案人员刑讯逼供，构成犯罪的，还应当依据刑法有关规定追究刑事责任。

● **相关规定**

《公安机关办理行政案件程序规定》第 27 条

第九十二条 收集、调取证据

公安机关办理治安案件，有权向有关单位和个人收集、调取证据。有关单位和个人应当如实提供证据。

公安机关向有关单位和个人收集、调取证据时，应当告知其必须如实提供证据，以及伪造、隐匿、毁灭证据或者提供虚假证言应当承担的法律责任。

● **典型案例**

刘某等诉某市某区人民政府行政赔偿案［（2020）最高法行赔申 406 号　人民法院案例库入库编号：2024-12-3-020-003］

（1）在征收房屋过程中，因行政机关违法强拆无证房屋引发的行政赔偿诉讼，原告因房屋灭失而对房屋面积不能举证，符合"因被告的原因导致原告无法举证的，由被告承担举证责任"的情形，应当由被告承担举证证明房屋面积的责任。（2）人民法院通过审理发现案件中的关键证据双方明显可以直接提供而未提供，或者发现关键证据当事人很难获取而法院明显能够直接调取，则应当依据《中华人民共和国行政诉讼法》第三十九条、第四十条的规定要求双方提供证据或者主动调取证据。如法院不行使上述职权，而要求双方另行提供证据再提起诉讼，属不当行使审判权。

第九十三条　移送案件前依法收集的证据材料可以使用

在办理刑事案件过程中以及其他执法办案机关在移送案件前依法收集的物证、书证、视听资料、电子数据等证据材料，可以作为治安案件的证据使用。

第九十四条　公安机关的保密义务

公安机关及其人民警察在办理治安案件时，对涉及的国家秘密、商业秘密、个人隐私或者个人信息，应当予以保密。

● *条文注释*

国家秘密，指关系国家的安全和利益，依照法定程序确定，在一定时期内只限于一定范围的人知悉的事项。国家秘密分为绝密、机密、秘密三级。商业秘密，指不为公众所知悉，能为权利人带来经济利益，具有实用性并经权利人采取保密措施的技术信息和经营信息。个人隐私，主要指纯粹个人的、与公众无关的，当事人不愿意让他人知道或他人不便知道的信息。涉及治安案件，个人隐私主要包括以下内容：病历、身体缺陷、健康状况、财产、收入状况、社会关系、家庭情况、婚恋情况、爱好、心理活动、未来计划、姓名、肖像、电话号码、家庭住址、宗教信仰、储蓄、档案材料、计算机储存的个人资料、被违法犯罪分子所侵犯的记录、域名、网名、电子邮件地址、QQ号码等。

● *相关规定*

《公安机关办理行政案件程序规定》第8条

第九十五条 关于回避的规定

人民警察在办理治安案件过程中，遇有下列情形之一的，应当回避；违反治安管理行为人、被侵害人或者其法定代理人也有权要求他们回避：

（一）是本案当事人或者当事人的近亲属的；

（二）本人或者其近亲属与本案有利害关系的；

（三）与本案当事人有其他关系，可能影响案件公正处理的。

人民警察的回避，由其所属的公安机关决定；公安机关负责人的回避，由上一级公安机关决定。

● *条文注释*

本条第一款是关于回避的提出及回避的条件的规定。回避是指办理治安案件的人民警察等与案件有法定的利害关系或者其他可能影响案件公正处理的关系，不得参与该治安案件活动的一种制度。本法赋予了违反治安管理行为人、被侵害人及其法定代理人遇有法定情形时的申请回避权，以保障他们的合法权益。当事人提出申请回避的，可以书面提出也可以口头提出。

本条第二款规定的是回避的决定机关。根据本款的规定，回避的决定机关是公安机关而不是公安机关负责人。

● **相关规定**

《公安机关办理行政案件程序规定》第17-25条

第九十六条　关于传唤的规定

需要传唤违反治安管理行为人接受调查的，经公安机关办案部门负责人批准，使用传唤证传唤。对现场发现的违反治安管理行为人，人民警察经出示人民警察证，可以口头传唤，但应当在询问笔录中注明。

公安机关应当将传唤的原因和依据告知被传唤人。对无正当理由不接受传唤或者逃避传唤的人，经公安机关办案部门负责人批准，可以强制传唤。

● **相关规定**

《公安机关办理行政案件程序规定》第66-69条；《公安机关执行〈中华人民共和国治安管理处罚法〉有关问题的解释》第8条

● **典型案例**

陈某诉某市某县公安局行政强制案 [（2017）渝03行终22号人民法院案例库入库编号：2023-12-3-002-002]

根据《中华人民共和国行政强制法》的规定，我国将行政强制分为行政强制措施和行政强制执行，口头传唤是一种行政强制措施。根据《中华人民共和国行政强制法》第二条第二款的规定，合法的行政强制措施至少有以下四个特点：第一，行政性，即行政强制措施是有权的行政主体依法定程序作出的行政行为；第二，控制性，即具有强制性，能够对行政相对人的人身或财产权益进行一定的强制控制；第三，暂时性，即该措施是并非对行政相对人相关权利的最终处分；第四，限制性，即实施行政强制措施应当进行限制，其适用条件必须是"为制止违法行为、防止证据损毁、避免危害发生、控制危险扩大等情形"。判断口头传唤是否违法，要同时具备上述四个特点，防止偏颇。

第九十七条　传唤后的询问期限与通知义务

对违反治安管理行为人，公安机关传唤后应当及时询问查证，询问查证的时间不得超过八小时；涉案人数众多、违反治安管理行为人身份不明的，询问查证的时间不得超过十二小时；情况复杂，依照本法规定可能适用行政拘留处罚的，询问查证的时间不得超过二十四小时。在执法办案场所询问违反治安管理行为人，应当全程同步录音录像。

公安机关应当及时将传唤的原因和处所通知被传唤人家属。

询问查证期间，公安机关应当保证违反治安管理行为人的饮食、必要的休息时间等正当需求。

● **实用问答**

问：是否可以连续传唤违法嫌疑人？

答：《公安机关办理行政案件程序规定》第六十九条第二款规定："不得以连续传唤的形式变相拘禁违法嫌疑人。"因此，在原则上不允许连续传唤。但是，在一次传唤的询问查证时间届满后，如果案情还未查清或者有证据需要核实的，是可以再次传唤违反治安管理行为的行为人的，但是不得以连续传唤的形式限制其人身自由。即在两次传唤之间应有一个合理的间隔时间，这段时间以行为人有一定的自由活动、休息的时间为宜。

● *相关规定*

《公安机关办理行政案件程序规定》第70-72条；《公安机关执行〈中华人民共和国治安管理处罚法〉有关问题的解释》第8条

第九十八条 询问笔录、书面材料与询问不满十八周岁人的规定

询问笔录应当交被询问人核对；对没有阅读能力的，应当向其宣读。记载有遗漏或者差错的，被询问人可以提出补充或者更正。被询问人确认笔录无误后，应当签名、盖章或者按指印，询问的人民警察也应当在笔录上签名。

被询问人要求就被询问事项自行提供书面材料的，应当准许；必要时，人民警察也可以要求被询问人自行书写。

询问不满十八周岁的违反治安管理行为人，应当通知其父母或者其他监护人到场；其父母或者其他监护人不能到场的，也可以通知其他成年亲属，所在学校、单位、居住地基层组织或者未成年人保护组织的代表等合适成年人到场，并将有关情况记录在案。确实无法通知或者通知后未到场的，应当在笔录中注明。

● *实用问答*

问：询问不满18周岁的违反治安管理行为人，其父母或者其他监护人不能到场的，如何处理？

答：根据《公安机关执行〈中华人民共和国治安管理处罚法〉有关问题的解释》第九条规定的精神，被侵害人或者其他证人，应当通知其父母或者其他监护人到场。上述人员父母双亡，又没有其他监护人的，因种种原因无法找到其父母或者其他监护人的，以及其父母或者其他监护人收到通知后拒不到场或者不能及时到场的，办案民警

应当将有关情况在笔录中注明。为保证询问的合法性和证据的有效性，在被询问人的父母或者其他监护人不能到场时，可以邀请办案地居（村）民委员会的人员，或者被询问人在办案地有完全行为能力的亲友，或者所在学校的教师，或者其他见证人到场。询问笔录应当由办案民警、被询问人、见证人签名或者盖章。有条件的地方，还可以对询问过程进行录音、录像。

● **相关规定**

《公安机关办理行政案件程序规定》第75条、第77条、第80条；《公安机关执行〈中华人民共和国治安管理处罚法〉有关问题的解释》第9条

第九十九条 询问被侵害人和其他证人的规定

人民警察询问被侵害人或者其他证人，可以在现场进行，也可以到其所在单位、住处或者其提出的地点进行；必要时，也可以通知其到公安机关提供证言。

人民警察在公安机关以外询问被侵害人或者其他证人，应当出示人民警察证。

询问被侵害人或者其他证人，同时适用本法第九十八条的规定。

● **条文注释**

证人与被侵害人都不是违反治安管理行为的人，因此对他们进行询问不得使用传唤的方式。原则上询问被侵害人或者其他证人，应到其所在单位或者住处进行。"必要时"，可以通知其到公安机关提供证言。此处的"必要时"要根据实际情况决定，如案情涉及国家秘密，

为了防止泄密的；或者证人与被侵害人的近亲属与此案有利害关系的等。人民警察询问被侵害人或者其他证人的应当出示工作证，消除当事人的戒备心理，放下包袱配合询问工作。

● **相关规定**

《公安机关办理行政案件程序规定》第79条；《公安机关执行〈中华人民共和国治安管理处罚法〉有关问题的解释》第9条

第一百条　远程视频询问

违反治安管理行为人、被侵害人或者其他证人在异地的，公安机关可以委托异地公安机关代为询问，也可以通过公安机关的视频系统远程询问。

通过远程视频方式询问的，应当向被询问人宣读询问笔录，被询问人确认笔录无误后，询问的人民警察应当在笔录上注明。询问和宣读过程应当全程同步录音录像。

第一百零一条　询问中的语言帮助

询问聋哑的违反治安管理行为人、被侵害人或者其他证人，应当有通晓手语等交流方式的人提供帮助，并在笔录上注明。

询问不通晓当地通用的语言文字的违反治安管理行为人、被侵害人或者其他证人，应当配备翻译人员，并在笔录上注明。

● **条文注释**

聋哑人因生理缺陷以及不通晓当地通用语言文字的人由于语言上的障碍接受询问、回答问题时都会受到一定理解和沟通上的限制。为了保证询问工作的正常顺利进行，保证全面查清案情，正确地处理治安案件，应当为其分别配备通晓手语的人员和翻译人员。注意此种情形的适用对象仅限于"违反治安管理行为人、被侵害人或者其他证人"，对于其他人如委托代理人则不适用。另外，此种情形应当在笔录中注明，否则影响其作为证据使用的可能性。实践中，不仅要注明询问聋哑人的情况、不通晓当地通用语言文字的情况，而且要注明相关翻译人员的姓名、工作单位、住址、职业等基本情况，并要求通晓手语和当地语言文字的人员签名。此外，翻译人员的费用应当由公安机关负责，并且，公安机关不得要求违反治安管理行为人、被侵害人或者其他证人支付。

● **典型案例**

郭某与某县公安局治安行政处罚案[①]　[（2016）辽04行终167号]

郭某与孙某因林地纠纷发生争执，郭某用叉子把和拳头打孙某的胳膊和头部，造成孙某轻微伤。据此，被告给予郭某行政拘留五日，罚款二百元的处罚。郭某的行政拘留已执行完毕，罚款未执行。

郭某与孙某因林地纠纷发生争执，郭某用叉子把和拳头打孙某的胳膊和头部，造成孙某轻微伤。据此，被告给予郭某行政拘留五日，罚款二百元的处罚。郭某的行政拘留已执行完毕，罚款未执行。《公安机关办理行政案件程序规定》第六十二条规定，询问聋哑人，应当有通晓手语的人提供帮助，并在询问笔录中注明被询问人的聋哑情况。被上诉人对上诉人的询问并未使上诉人的合法权利受到损害，故该程序并无不当。

[①] 参见中国裁判文书网，https://wenshu.court.gov.cn/website/wenshu/181107ANFZ0BXSK4/index.html？docId=aHb5nMxOHbSGNAqvB957g9uOxzb5QMYT3a/32m3xZyFgrDhJ63RiX/UKq3u+IEo4xrhYIUL6n/Hllb6F6BMZlyN05NRB6QgWvb77MR4zDn6m/v/MjAQv5yXw3ppu8PGB，最后访问时间：2025年7月18日。

● **相关规定**

《公安机关办理行政案件程序规定》第 76 条

第一百零二条　人身检查

为了查明案件事实，确定违反治安管理行为人、被侵害人的某些特征、伤害情况或者生理状态，需要对其人身进行检查，提取或者采集肖像、指纹信息和血液、尿液等生物样本的，经公安机关办案部门负责人批准后进行。对已经提取、采集的信息或者样本，不得重复提取、采集。提取或者采集被侵害人的信息或者样本，应当征得被侵害人或者其监护人同意。

第一百零三条　检查时应遵守的程序

公安机关对与违反治安管理行为有关的场所或者违反治安管理行为人的人身、物品可以进行检查。检查时，人民警察不得少于二人，并应当出示人民警察证。

对场所进行检查的，经县级以上人民政府公安机关负责人批准，使用检查证检查；对确有必要立即进行检查的，人民警察经出示人民警察证，可以当场检查，并应当全程同步录音录像。检查公民住所应当出示县级以上人民政府公安机关开具的检查证。

检查妇女的身体，应当由女性工作人员或者医师进行。

● **条文注释**

检查，是公安机关及其人民警察办理治安案件时，对场所、物品以及人身进行检验查看的一项调查取证的强制性措施。"确有必要立即进行检查",主要指现场发现的违反治安管理行为人、具有违反治安管理行为可能,如非法携带管制刀具,以及逃避治安处罚的违反治安管理行为等。对于当场检查的,不需要再补办检查证,但是应当在制作检查笔录时注明情况。

● *相关规定*

《公安机关办理行政案件程序规定》第53条、第82-84条;《公安机关执行〈中华人民共和国治安管理处罚法〉有关问题的解释(二)》第10条

第一百零四条 检查笔录的制作

检查的情况应当制作检查笔录,由检查人、被检查人和见证人签名、盖章或者按指印;被检查人不在场或者被检查人、见证人拒绝签名的,人民警察应当在笔录上注明。

● *条文注释*

检查笔录作为一种现场笔录,是人民警察依法对违反治安管理的行为有关的场所、物品、人身检查后,将检查过程按照检查的顺序如实地记录下来,写明检查的时间、地点、过程、发现的证据、提取和扣押证据的名称、数量、特征及其他与违反治安管理行为有关的线索等,以便存查和分析案情。为了保证检查笔录的真实性、合法性、客观性,执行检查的人民警察、被检查人和见证人应当签名或者盖章,拒绝签名的,由人民警察在检查笔录上注明。

● *相关规定*

《公安机关办理行政案件程序规定》第86条

第一百零五条　关于扣押物品的规定

公安机关办理治安案件，对与案件有关的需要作为证据的物品，可以扣押；对被侵害人或者善意第三人合法占有的财产，不得扣押，应当予以登记，但是对其中与案件有关的必须鉴定的物品，可以扣押，鉴定后应当立即解除。对与案件无关的物品，不得扣押。

对扣押的物品，应当会同在场见证人和被扣押物品持有人查点清楚，当场开列清单一式二份，由调查人员、见证人和持有人签名或者盖章，一份交给持有人，另一份附卷备查。

实施扣押前应当报经公安机关负责人批准；因情况紧急或者物品价值不大，当场实施扣押的，人民警察应当及时向其所属公安机关负责人报告，并补办批准手续。公安机关负责人认为不应当扣押的，应当立即解除。当场实施扣押的，应当全程同步录音录像。

对扣押的物品，应当妥善保管，不得挪作他用；对不宜长期保存的物品，按照有关规定处理。经查明与案件无关或者经核实属于被侵害人或者他人合法财产的，应当登记后立即退还；满六个月无人对该财产主张权利或者无法查清权利人的，应当公开拍卖或者按照国家有关规定处理，所得款项上缴国库。

● *实用问答*

问：扣押是否有时间限制？

答：《公安机关办理行政案件程序规定》第一百一十二条第一款规定，扣押期限为三十日，情况复杂的，经县级以上公安机关负责人批准，可以延长三十日；法律、行政法规另有规定的除外。延长扣押期限的，应当及时书面告知当事人，并说明理由。可见对于扣押的财产，公安机关不得无限期地扣押，应当在法定期限内处理。

● **典型案例**

韩某诉某街道办事处、某区生态环境局等扣押财物及行政赔偿案〔（2023）沪03行终193号　人民法院案例库入库编号：2024-11-3-002-001〕

（1）在当场采取强制行为又未制作要式决定书的情况下，应从行为属性、行政职权范围、具体实施人员的隶属关系等方面进行审查，依法准确认定责任主体，对强制行为进行合法性审查。

（2）相对人对违法行政强制措施主张赔偿，应当对损害事实提供证据，但因行政机关未依法制作书面决定等导致扣押物品难以查清的，应由行政机关承担举证不能的责任。对相对人主张的生产和生活物品的合理损失，予以支持。

● **相关规定**

《公安机关办理行政案件程序规定》第111-112条

第一百零六条　关于鉴定的规定

为了查明案情，需要解决案件中有争议的专门性问题的，应当指派或者聘请具有专门知识的人员进行鉴定；鉴定人鉴定后，应当写出鉴定意见，并且签名。

● **条文注释**

鉴定，是公安机关在查处违反治安管理的案件时，为了解决案件的专门性问题，指派或者聘请具有专门知识的人进行鉴定，并提供鉴定意见的活动。可见，鉴定的对象限于"案件中有争议的专门性问题"。实践中，需要通过鉴定解决的专门性问题包括：伤情鉴定、价格鉴定、违禁品和危险品鉴定、精神病鉴定、毒品尿样鉴定、声像资料鉴定。鉴定人可以由公安机关指派或者聘请，但必须是"具有专门知识的人员"。鉴定人在鉴定活动结束后，必须出具鉴定意见。鉴定意见必须是书面的并且由鉴定人签名。在案件的审理过程中，鉴定意见只是众多的证据材料中的一种，需要经过双方当事人的质证才能作为定案的依据。

● *相关规定*

《公安机关办理行政案件程序规定》第 87-100 条

第一百零七条　辨认场所、物品、行为人

为了查明案情，人民警察可以让违反治安管理行为人、被侵害人和其他证人对与违反治安管理行为有关的场所、物品进行辨认，也可以让被侵害人、其他证人对违反治安管理行为人进行辨认，或者让违反治安管理行为人对其他违反治安管理行为人进行辨认。

辨认应当制作辨认笔录，由人民警察和辨认人签名、盖章或者按指印。

第一百零八条　询问、扣押、辨认的要求

公安机关进行询问、辨认、勘验，实施行政强制措施等调查取证工作时，人民警察不得少于二人。

公安机关在规范设置、严格管理的执法办案场所进行询问、扣押、辨认的，或者进行调解的，可以由一名人民警察进行。

依照前款规定由一名人民警察进行询问、扣押、辨认、调解的，应当全程同步录音录像。未按规定全程同步录音录像或者录音录像资料损毁、丢失的，相关证据不能作为处罚的根据。

第二节 决 定

第一百零九条 处罚的决定机关

治安管理处罚由县级以上地方人民政府公安机关决定；其中警告、一千元以下的罚款，可以由公安派出所决定。

第一百一十条 行政拘留的折抵

对决定给予行政拘留处罚的人，在处罚前已经采取强制措施限制人身自由的时间，应当折抵。限制人身自由一日，折抵行政拘留一日。

● 条文注释

本条是关于行政拘留的折抵的规定。依据本条规定：首先，只有被采取强制措施限制人身自由的时间才可以折抵行政拘留处罚，而其他时间是不可以折抵的，如询问查证和继续盘问的时间就不可以折抵。其次，被折抵的处罚只能是行政拘留，而不能是警告、罚款等其他处罚措施。最后，折抵计算是限制人身自由一日，折抵行政拘留一日，即"一日对一日"。需要注意的是，本条的限制人身自由的强制措施与行政拘留必须是基于同一违法行为，如果是不同的行为导致的不同的处罚，则不能折抵。这里的"采取强制措施限制人身自由的时间"，包括被行政拘留人在被行政拘留前因同一行为被依法刑事拘留、逮捕时间。如果被行政拘留人被刑事拘留、逮捕的时间已超过被行政拘留的时间的,则行政拘留不再执行,但办案部门必须将《治安管理处罚决定书》送达被处罚人。

● 相关规定

《公安机关办理行政案件程序规定》第 163 条;《公安机关执行〈中华人民共和国治安管理处罚法〉有关问题的解释》第 11 条

第一百一十一条　违反治安管理行为人的陈述与其他证据的关系

公安机关查处治安案件,对没有本人陈述,但其他证据能够证明案件事实的,可以作出治安管理处罚决定。但是,只有本人陈述,没有其他证据证明的,不能作出治安管理处罚决定。

第一百一十二条　陈述与申辩权

公安机关作出治安管理处罚决定前,应当告知违反治安管理行为人拟作出治安管理处罚的内容及事实、理由、依据,并告知违反治安管理行为人依法享有的权利。

违反治安管理行为人有权陈述和申辩。公安机关必须充分听取违反治安管理行为人的意见,对违反治安管理行为人提出的事实、理由和证据,应当进行复核;违反治安管理行为人提出的事实、理由或者证据成立的,公安机关应当采纳。

违反治安管理行为人不满十八周岁的,还应当依照前两款的规定告知未成年人的父母或者其他监护人,充分听取其意见。

公安机关不得因违反治安管理行为人的陈述、申辩而加重其处罚。

● **典型案例**

郑某诉某市公安局公安行政管理案[①] [（2019）鄂 28 行再 3 号]

2018 年 4 月 28 日 17 时许，胡文某、郑某到某州中级法院递交材料时，遇到与其公司有经济纠纷的周松某及其代理律师袁绪某在中级法院办事，胡文某、郑某在某州中级法院大门外等待，当周松某及其代理律师袁绪某办完事走出中级法院大门时，胡文某、郑某将周松某拉住讨要说法，并发生口角、拉扯，袁绪某见状即用手机进行拍照，胡文某、郑某遂对袁绪某进行殴打。而后胡文某、郑某驾车离开。某市公安局接警后立即赶到现场，展开调查并对现场进行勘验。某市公安局根据查明的事实、证据，作出恩市公（庙）行罚决字（2018）3829 号《行政处罚决定书》，对郑某处以行政拘留十五日，并处罚款五百元。郑某不服，向某州公安局申请复议，某州公安局所作出恩州公复决字（2018）19 号《行政复议决定书》，维持恩市公（庙）行罚决字（2018）3829 号《行政处罚决定书》。郑某不服，向某市人民法院提起行政诉讼。

法院再审认为，《治安管理处罚法》第九十四条第二款规定："违反治安管理行为人有权陈述和申辩。公安机关必须充分听取违反治安管理行为人的意见，对违反治安管理行为人提出的事实、理由和证据，应当进行复核；违反治安管理行为人提出的事实、理由或者证据成立的，公安机关应当采纳。"某市公安局在对郑某作出行政处罚之前，已明确告知郑某有权陈述和申辩，郑某仅表示要申诉，但既未

---

① 参见中国裁判文书网，https：//wenshu.court.gov.cn/website/wenshu/181107ANFZ0BXSK4/index.html?docId = vUmy3C2ryomUNInEIu + RLrqpU1fx0d86wsZonjx0JMxIN1JdELeh5fUKq3u + IEo4xrhYIUL6n/HlIb6F6BMZlyN05NRB6QgWvb77MR4zDn6+NY907hvGnog8XS4MkWR0，最后访问时间：2025 年 6 月 27 日。

提交书面申辩材料，也未向某市公安局陈述申辩意见。某市公安局对本案的处罚程序不存在违法情形。

● **相关规定**

《公安机关办理行政案件程序规定》第167-169条

第一百一十三条　治安案件的处理

治安案件调查结束后，公安机关应当根据不同情况，分别作出以下处理：

（一）确有依法应当给予治安管理处罚的违法行为的，根据情节轻重及具体情况，作出处罚决定；

（二）依法不予处罚的，或者违法事实不能成立的，作出不予处罚决定；

（三）违法行为已涉嫌犯罪的，移送有关主管机关依法追究刑事责任；

（四）发现违反治安管理行为人有其他违法行为的，在对违反治安管理行为作出处罚决定的同时，通知或者移送有关主管机关处理。

对情节复杂或者重大违法行为给予治安管理处罚，公安机关负责人应当集体讨论决定。

● **条文注释**

需要注意的是，法定的不予处罚的情形有：不满十四周岁的人违反治安管理的；精神病人、智力残疾人在不能辨认或者不能控制自己行为的时候违反治安管理的；违法行为轻微并及时纠正，没有造成危害后果的等。

● **典型案例**

陈某某等与某分局某派出所等其他再审审查与审判监督案[①]
[（2025）京行申 305 号]

陈某某申请再审称，一审、二审庭审存在偏袒被申请人、违反庭审程序等严重错误，故请求撤销终审判决，对本案依法再审。

根据《中华人民共和国治安管理处罚法》规定，治安案件调查结束后，公安机关应当根据不同情况，分别作出以下处理；……（二）依法不予处罚的，或者违法事实不能成立的，作出不予处罚决定。本案中，陈某某向某派出所报案称被他人威胁，某派出所在受理该案后展开调查核实，对陈某某和相关人员进行询问，并根据在案的视听资料、证人证言等证据认定该案没有违法事实，并于法定期限内作出《不予行政处罚决定书》，认定事实清楚，适用法律正确，程序合法，结论并无不当。某区区政府作出的《行政复议决定书》亦无不当。故终审法院判决陈某某的诉讼请求并无不当。陈某某申请再审的理由缺乏事实和法律依据，不予支持。

● **相关规定**

《公安机关办理行政案件程序规定》第 172 条

第一百一十四条　法制审核

有下列情形之一的，在公安机关作出治安管理处罚决定之前，应当由从事治安管理处罚决定法制审核的人员进行法制审核；未经法制审核或者审核未通过的，不得作出决定：

[①] 参见中国裁判文书网，https://wenshu.court.gov.cn/website/wenshu/181107ANFZ0BXSK4/index.html？docId = XpNoldVsWWg/4VUkccPtsfEnJbsLLtJArIZy/If45LxthMCNNg3EbfUKq3u + IEo4xrhYIUL6n/Hllb6F6BMZlyN05NRB6QgWvb77MR4zDn4TnF2qQIUz+ZyDFFg268dV，最后访问时间：2025年7月1日。

(一)涉及重大公共利益的;
(二)直接关系当事人或者第三人重大权益,经过听证程序的;
(三)案件情况疑难复杂、涉及多个法律关系的。
公安机关中初次从事治安管理处罚决定法制审核的人员,应当通过国家统一法律职业资格考试取得法律职业资格。

第一百一十五条 治安管理处罚决定书的内容

公安机关作出治安管理处罚决定的,应当制作治安管理处罚决定书。决定书应当载明下列内容:
(一)被处罚人的姓名、性别、年龄、身份证件的名称和号码、住址;
(二)违法事实和证据;
(三)处罚的种类和依据;
(四)处罚的执行方式和期限;
(五)对处罚决定不服,申请行政复议、提起行政诉讼的途径和期限;
(六)作出处罚决定的公安机关的名称和作出决定的日期。
决定书应当由作出处罚决定的公安机关加盖印章。

● *条文注释*

无论是当场处罚还是依照一般程序作出处罚,都应当制作行政处罚决定书,并应当交付当事人。本条明确规定了行政处罚决定书应当列明的内容。

注意，处罚决定书必须加盖公安机关印章，而不能只有执法人员的签名或盖章。但在本法规定的当场处罚情况下，可由人民警察签名或盖章。

● *相关规定*

《公安机关办理行政案件程序规定》第 161 条

第一百一十六条 宣告、送达

公安机关应当向被处罚人宣告治安管理处罚决定书，并当场交付被处罚人；无法当场向被处罚人宣告的，应当在二日以内送达被处罚人。决定给予行政拘留处罚的，应当及时通知被处罚人的家属。

有被侵害人的，公安机关应当将决定书送达被侵害人。

● *条文注释*

交付和送达是治安管理处罚决定发生效力的前提，未交付和未送达的治安管理处罚决定书，对被处罚人不具有法律效力。如果当事人对处罚没有异议的，应当按照处罚决定书的要求及时履行；如果对处罚决定不服的，应当按照处罚决定书载明的途径和期限，及时申请行政复议或者提起行政诉讼。对于处罚决定书，应当场交付，但无法当场交付时，应当在两日内送达。"当场"是宣布处罚决定的现场，而不仅仅是当场处罚的现场。送达有多种形式，如直接送达、邮寄送达、留置送达、委托送达等。

● *相关规定*

《公安机关办理行政案件程序规定》第 36 条、第 176 条

第一百一十七条　听证

公安机关作出吊销许可证件、处四千元以上罚款的治安管理处罚决定或者采取责令停业整顿措施前，应当告知违反治安管理行为人有权要求举行听证；违反治安管理行为人要求听证的，公安机关应当及时依法举行听证。

对依照本法第二十三条第二款规定可能执行行政拘留的未成年人，公安机关应当告知未成年人和其监护人有权要求举行听证；未成年人和其监护人要求听证的，公安机关应当及时依法举行听证。对未成年人案件的听证不公开举行。

前两款规定以外的案情复杂或者具有重大社会影响的案件，违反治安管理行为人要求听证，公安机关认为必要的，应当及时依法举行听证。

公安机关不得因违反治安管理行为人要求听证而加重其处罚。

● **典型案例**

某公司诉某市某区行政审批局行政许可案 [（2021）浙04行终226号　人民法院案例库入库编号：2023-12-3-004-006]

行政机关在行政许可审查程序中，利害关系人提出异议的，应当通过听证等程序听取行政许可申请人及利害关系人的意见，未经听证程序直接作出不予许可决定，程序违法。对于涉及企业经营资格的重大行政许可，行政机关应当审慎审查。一般情况下，行政机关审查申请人提交的材料是否符合法律法规规定即可作出决定，但在申请人提交材料和利害关系人异议存在冲突，对是否作出许可的关键条件存在争议，特别是涉及社会公共安全等情况下，行政机关不应仅审查书面材料即作出决定，应当对相关关键事实、利害关系人提出的异议是否能够成立等内容主动调查核实，在查明事实的基础上准确作出决定。

● **相关规定**

《公安机关办理行政案件程序规定》第 123-153 条

第一百一十八条　期限

公安机关办理治安案件的期限，自立案之日起不得超过三十日；案情重大、复杂的，经上一级公安机关批准，可以延长三十日。期限延长以二次为限。公安派出所办理的案件需要延长期限的，由所属公安机关批准。

为了查明案情进行鉴定的期间、听证的期间，不计入办理治安案件的期限。

● **条文注释**

为了体现行政执法效率原则，依法及时有效地办理治安案件，有效地维护社会秩序，本条对于公安机关办理治安案件的时间予以规定。（1）一般情况下的治安案件的办案期限为三十日，从受理之日起计算。（2）案情重大、复杂的治安案件经上一级公安机关批准，可以延长三十日。所谓案情重大、复杂，主要是指该治安案件涉及面广、影响大。（3）鉴定时间不计入办案期限。在有些治安案件中，为了查明案情，需要对某些专门性的问题进行鉴定。由于鉴定需要占用一定的时间，而无论是三十日还是六十日都是一个固定的时限，鉴定占用时间将直接影响到公安机关能否在规定的办案期限内完成案件的办理。所以为了查明案情进行鉴定的时间，不计入办理治安案件的期限。

● **典型案例**

1. 重庆市公安局某分局与郭长某不履行治安处罚法定职责案[①]
[（2017）渝05行终528号]

2016年5月3日18时30分左右，李某、洪某等多人在重庆某商贸公司，与郭长某及该公司人员因承揽快递业务发生争执后发生侮骂、殴打行为，且双方均有多人参加，导致多人受伤。后重庆市公安局某分局民警到场制止纠纷后将部分参与斗殴人员带至派出所进行询问。经调查取证后，重庆市公安局某分局于5月4日对部分涉案人员分别进行行政处罚，对李某和洪某各拘留五日，对郭长某拘留三日，对郭才某和李登某各拘留两日。现郭长某认为重庆市公安局某分局未对李某、洪某方参加斗殴的其他违法行为人予以行政惩处，请求法院责令重庆市公安局某分局追究未受行政处罚的其他违法行为人的法律责任。

《治安管理处罚法》第九十九条规定："公安机关办理治安案件的期限，自受理之日起不得超过三十日；案情重大、复杂的，经上一级公安机关批准，可以延长三十日。为了查明案情进行鉴定的期间，不计入办理治安案件的期限。"《公安机关办理行政案件程序规定》第一百四十一条对应现行规定第一百六十五条。第一款、第二款作出了同样的规定，第三款还规定："对因违反治安管理行为人逃跑等客观原因造成案件在法定期限内无法作出行政处理决定的，公安机关应当继续进行调查取证，并向被侵害人说明情况，及时依法作出处理决定。"本案中，重庆市公安局某分局于2016年5月3日立案，经过大量的调查询问取证工作，对部分违法行为人进行了处罚。但至2016

[①] 参见中国裁判文书网，https：//wenshu.court.gov.cn/website/wenshu/181107ANFZ0BXSK4/index.html? docId = OUD3Tm7EvESbF/AGSueA4517XTDQDVyjm6eCwrzOzKPVi2bo0Xs9CPUKq3u + IEo4xrhYIUL6n/HlIb6F6BMZlyN05NRB6QgWvb77MR4zDn4gi8e4AP9uQZwkh596Ssty2，最后访问时间：2025年6月27日。

年 11 月郭长某向人民法院提起本案行政诉讼时，仍未对重庆市公安局某分局通过询问笔录等证据，能够确认身份的部分违法人员作出处理，违反前述法律规定。一审法院以此为由，判决上诉人重庆市公安局某分局在本判决生效之日起 30 日内依法对本案参与的其他人员作出处理，并无不当。上诉人上诉理由不能成立，对其上诉请求法院依法不予支持。

2. 黄某诉某市公安局某分局、某市公安局治安管理行政处罚案
[厦门市集美区人民法院（2019）闽 0211 行初 100 号　人民法院案例库入库编号：2023-12-3-001-008]

刑行交叉案件是指刑事法律关系与行政法律关系相互交织、冲突的案件。从刑事案件与行政案件的关系看，如果涉及的刑事案件与行政案件虽然存在同时调查，且部分刑事程序中搜集的证据作为行政案件使用的情形，但是刑事案件与行政案件的关联仅仅是事实与证据上的关联，并不存在刑事案件需作为前提的情形。根据行政法理论，通过设定办案期限，能够督促行政机关及时调查取证并及时高效地作出处理，避免行政相对人的权益长期处于不确定状态。公安机关作出行政处罚决定时关于办案期限应适用的规定为《治安管理处罚法》第九十九条及《公安部关于公安机关执行〈中华人民共和国治安管理处罚法〉有关问题的解释》中关于办理治安案件期限问题的规定，根据前述规定，鉴定期间不计入办案期限，治安管理行为人逃跑等客观原因造成案件不能在法定期限内办结的，公安机关仍应当继续进行调查取证，及时依法作出处理决定。因违反治安管理行为人在逃，导致无法查清案件事实，无法收集足够证据而结不了案的，公安机关还应当向被害人说明原因。据此，因关联刑事案件尚在办理并不当然构成行政案件超期的免责事由，人民法院需结合具体案情作出判断。

● *相关规定*

《公安机关办理行政案件程序规定》第 165 条;《公安机关执行〈中华人民共和国治安管理处罚法〉有关问题的解释》第 12 条

第一百一十九条　当场处罚

违反治安管理行为事实清楚，证据确凿，处警告或者五百元以下罚款的，可以当场作出治安管理处罚决定。

● *实用问答*

问：哪些情形可以当场收缴罚款？

答：根据《公安机关办理行政案件程序规定》第二百一十四条规定："公安机关作出罚款决定，被处罚人应当自收到行政处罚决定书之日起十五日内，到指定的银行缴纳罚款。具有下列情形之一的，公安机关及其办案人民警察可以当场收缴罚款，法律另有规定的，从其规定：（一）对违反治安管理行为人处五十元以下罚款和对违反交通管理的行人、乘车人和非机动车驾驶人处罚款，被处罚人没有异议的；（二）对违反治安管理、交通管理以外的违法行为人当场处二十元以下罚款的；（三）在边远、水上、交通不便地区、旅客列车上或者口岸，被处罚人向指定银行缴纳罚款确有困难，经被处罚人提出的；（四）被处罚人在当地没有固定住所，不当场收缴事后难以执行的。对具有前款第一项和第三项情形之一的，办案人民警察应当要求被处罚人签名确认。"

● *相关规定*

《公安机关办理行政案件程序规定》第 37 条

| 第一百二十条 | 当场处罚决定程序 |

当场作出治安管理处罚决定的，人民警察应当向违反治安管理行为人出示人民警察证，并填写处罚决定书。处罚决定书应当当场交付被处罚人；有被侵害人的，并应当将决定书送达被侵害人。

前款规定的处罚决定书，应当载明被处罚人的姓名、违法行为、处罚依据、罚款数额、时间、地点以及公安机关名称，并由经办的人民警察签名或者盖章。

适用当场处罚，被处罚人对拟作出治安管理处罚的内容及事实、理由、依据没有异议的，可以由一名人民警察作出治安管理处罚决定，并应当全程同步录音录像。

当场作出治安管理处罚决定的，经办的人民警察应当在二十四小时以内报所属公安机关备案。

● **条文注释**

当场处罚作为处罚程序中的一种简易程序，具有简便、迅速的特点，但其仍然是代表国家实施的一种执法行为，所以并不意味着只要当场处罚就可以想怎么处罚就怎么处罚，可以不受任何限制、不守任何规定。恰恰相反，作为一种处罚程序，当场处罚具有相应的程序要求，实施当场处罚，必须严格遵守当场处罚程序的规定。因此，依据本条规定，人民警察在作出当场处罚决定时应当出示工作证件、告知被处罚人依法享有的权利、制作并交付处罚通知书、向所在机关备案。

● **典型案例**

翁某诉某市公安局交通警察支队某大队行政处罚案［（2021）浙行再33号　人民法院案例库入库编号：2023-12-3-001-019］

礼让行人是文明安全驾驶的基本要求。机动车驾驶人驾驶车辆行经人行横道，其有证据足以证明已经审慎地尽到合理必要的礼让行人注意义务，应认定没有主观过错，不予行政处罚。

● **相关规定**

《公安机关办理行政案件程序规定》第 38 条

第一百二十一条 不服处罚提起的行政复议或行政诉讼

被处罚人、被侵害人对公安机关依照本法规定作出的治安管理处罚决定，作出的收缴、追缴决定，或者采取的有关限制性、禁止性措施等不服的，可以依法申请行政复议或者提起行政诉讼。

● **典型案例**

焦某诉某公安分局治安管理处罚决定行政纠纷案（《最高人民法院公报》2006 年第 10 期)

原告诉称，因原告错误举报查扣车辆的执勤交通民警酒后执法，被告某公安分局已经给予原告治安罚款 200 元的行政处罚。该行政处罚决定生效后，被告又要求重新查处，重新裁决。被告的重新裁决是给予原告治安拘留 10 日的行政处罚，原告不服申请复议，天津市公安局也以事实不清为由撤销了该处罚决定，要求被告重裁。然而被告在相同的事实基础上，以 870 号处罚决定书再次裁决，竟然把对原告治安拘留 10 日改成了治安拘留 15 日。被告完全不顾行政处罚法中关于"行政机关不得因当事人陈述、申辩而给予更重的处罚"的规定，对不服处罚决定而申辩的原告加重处罚，是滥用职权违法行政。请求判决撤销被告作出的 870 号处罚决定书。

一、依法作出的行政处罚决定一旦生效，其法律效力不仅及于行政相对人，也及于行政机关，不能随意被撤销。已经生效的行政处罚决定如果随意被撤销，不利于社会秩序的恢复和稳定。

二、错误的治安管理行政处罚决定只能依照法定程序纠正。《公安机关内部执法监督工作规定》是公安部为保障公安机关及其人民警察依法正确履行职责，防止和纠正违法和不当的执法行为，保护公民、法人和其他组织的合法权益而制定的内部规章，不能成为作出治安管理行政处罚决定的法律依据。

三、在行政处罚程序中始终贯彻允许当事人陈述和申辩的原则，只能有利于事实的查明和法律的正确适用，不会混淆是非，更不会因此而使违法行为人逃脱应有的惩罚。

● **相关规定**

《公安机关办理行政案件程序规定》第199条

第三节 执 行

第一百二十二条 行政拘留处罚的执行

对被决定给予行政拘留处罚的人，由作出决定的公安机关送拘留所执行；执行期满，拘留所应当按时解除拘留，发给解除拘留证明书。

被决定给予行政拘留处罚的人在异地被抓获或者有其他有必要在异地拘留所执行情形的，经异地拘留所主管公安机关批准，可以在异地执行。

● **条文注释**

本条第一款包含三层含义：一是送达拘留所执行的对象只能是被决定给予行政拘留的人，因为行政处罚中只有行政拘留需要限制被处罚人的人身自由，因而要通过单独的羁押场所来完成；二是执行拘留只能由作出决定的公安机关送达拘留所，在执行送达被处罚人时，执行送达任务的人民警察要注意带好相应的法律文书材料，如《治安管理处罚执行拘留通知书》《治安管理处罚决定书》等；三是执行行政拘留只能由拘留所执行，包括治安拘留所和看守所。

第二款说明了可以异地执行的情况：被决定给予行政拘留处罚的人在异地被抓获或者有其他有必要在异地拘留所执行情形的，经异地拘留所主管公安机关批准，可以在异地执行。

● 实用问答

问：对县级以上人大代表治安拘留应履行何种手续？

答：《地方各级人民代表大会和地方各级人民政府组织法》第四十条规定，县级以上的地方各级人民代表大会代表，非经本级人民代表大会主席团许可，在大会闭会期间，非经本级人民代表大会常务委员会许可，不受逮捕或者刑事审判。如果因为是现行犯被拘留，执行拘留的公安机关应当立即向该级人民代表大会主席团或者常务委员报告。

● 相关规定

《公安机关办理行政案件程序规定》第 164 条；《公安机关执行〈中华人民共和国治安管理处罚法〉有关问题的解释》第 13 条

第一百二十三条　当场收缴罚款范围

受到罚款处罚的人应当自收到处罚决定书之日起十五日以内，到指定的银行或者通过电子支付系统缴纳罚款。但是，有下列情形之一的，人民警察可以当场收缴罚款：

（一）被处二百元以下罚款，被处罚人对罚款无异议的；

（二）在边远、水上、交通不便地区，旅客列车上或者口岸，公安机关及其人民警察依照本法的规定作出罚款决定后，被处罚人到指定的银行或者通过电子支付系统缴纳罚款确有困难，经被处罚人提出的；

（三）被处罚人在当地没有固定住所，不当场收缴事后难以执行的。

● **条文注释**

本条规定了罚款决定和执行相分离制度。具体来讲，公安机关及其人民警察查处违法行为，作出处罚决定后，应当将处罚决定书及时送达当事人。而且处罚决定书上要写明被处罚人应当向哪个银行或者电子支付系统缴纳罚款。而当事人，即被处罚人，应当自收到处罚决定书之日起十五日内，到指定的银行或者电子支付系统缴纳罚款。在收取罚款后，应当向被处罚人开具财政部门制发的罚款收据。

本条还规定了人民警察在三种特定的情形下可以当场收缴罚款。

第一百二十四条　罚款交纳期限

人民警察当场收缴的罚款，应当自收缴罚款之日起二日以内，交至所属的公安机关；在水上、旅客列车上当场收缴的罚款，应当自抵岸或者到站之日起二日以内，交至所属的公安机关；公安机关应当自收到罚款之日起二日以内将罚款缴付指定的银行。

● **条文注释**

本条规定有三层含义：一是人民警察当场收缴的罚款，应当自收缴罚款之日起二日内，交至所属的公安机关。二是在水上、旅客列车上当场收缴的罚款，应当自抵岸或者到站之日起二日内，交至所属的公安机关。三是公安机关应当自收到罚款之日起二日内将罚款缴付指定的银行。

● *相关规定*

《公安机关办理行政案件程序规定》第 216 条

第一百二十五条　罚款收据

人民警察当场收缴罚款的，应当向被处罚人出具省级以上人民政府财政部门统一制发的专用票据；不出具统一制发的专用票据的，被处罚人有权拒绝缴纳罚款。

● *相关规定*

《公安机关办理行政案件程序规定》第 215 条

第一百二十六条　暂缓执行行政拘留

被处罚人不服行政拘留处罚决定，申请行政复议、提起行政诉讼的，遇有参加升学考试、子女出生或者近亲属病危、死亡等情形的，可以向公安机关提出暂缓执行行政拘留的申请。公安机关认为暂缓执行行政拘留不致发生社会危险的，由被处罚人或者其近亲属提出符合本法第一百二十七条规定条件的担保人，或者按每日行政拘留二百元的标准交纳保证金，行政拘留的处罚决定暂缓执行。

正在被执行行政拘留处罚的人遇有参加升学考试、子女出生或者近亲属病危、死亡等情形，被拘留人或者其近亲属申请出所的，由公安机关依照前款规定执行。被拘留人出所的时间不计入拘留期限。

● **相关规定**

《行政处罚法》第 66 条、第 73 条;《公安机关办理行政案件程序规定》第 222-226 条

第一百二十七条　**担保人的条件**

担保人应当符合下列条件:
(一) 与本案无牵连;
(二) 享有政治权利,人身自由未受到限制;
(三) 在当地有常住户口和固定住所;
(四) 有能力履行担保义务。

● **相关规定**

《公安机关办理行政案件程序规定》第 227 条

第一百二十八条　**担保人的义务**

担保人应当保证被担保人不逃避行政拘留处罚的执行。

担保人不履行担保义务,致使被担保人逃避行政拘留处罚的执行的,处三千元以下罚款。

● **实用问答**

1. 问:担保人履行了担保义务,但被担保人仍逃避行政拘留处罚的执行的,是否追究担保人的责任?

答:根据《公安机关办理行政案件程序规定》第二百二十九条第三款规定,担保人履行了担保义务,但被担保人仍逃避行政拘留处罚的执行的,或者被处罚人逃跑后,担保人积极帮助公安机关抓获被处罚人的,可以从轻或者不予处罚。

2. 问：担保人中途是否可以退出担保？

答：《公安机关办理行政案件程序规定》第二百三十条规定，担保人在暂缓执行行政拘留期间，不愿继续担保或者丧失担保条件的，行政拘留的法定机关应当责令被处罚人重新提出担保人或者交纳保证金。不提出担保人又不交纳保证金的，恢复执行行政拘留。可见，担保人可以中途退出担保，此时被处罚人应当重新提出担保人或者交纳保证金，否则将被恢复执行行政拘留。

● *相关规定*

《公安机关办理行政案件程序规定》第229-230条

第一百二十九条　没收保证金

被决定给予行政拘留处罚的人交纳保证金，暂缓行政拘留或者出所后，逃避行政拘留处罚的执行的，保证金予以没收并上缴国库，已经作出的行政拘留决定仍应执行。

● *相关规定*

《公安机关办理行政案件程序规定》第232条

第一百三十条　退还保证金

行政拘留的处罚决定被撤销，行政拘留处罚开始执行，或者出所后继续执行的，公安机关收取的保证金应当及时退还交纳人。

● *条文注释*

根据本条的规定，保证金的退还必须符合以下两个条件之一：一是行政拘留的处罚决定被撤销。行政拘留的处罚决定被撤销主要是基于行政复议或者行政诉讼，由上级公安机关裁定撤销或者由人民法院判决公安机关败诉而撤销，即当事人通过行政复议或者行政诉讼维护了自己的合法权益。二是行政拘留的处罚开始执行。当事人提起行政复议或者行政诉讼，由上级公安机关或者由人民法院裁定公安机关胜诉而维持治安处罚决定，从而需要执行行政拘留，则保证金的意义已经不存在，因而也需要公安机关退还保证金给交纳人。

● **相关规定**

《公安机关办理行政案件程序规定》第 232 条

第五章　执 法 监 督

第一百三十一条　执法原则

公安机关及其人民警察应当依法、公正、严格、高效办理治安案件，文明执法，不得徇私舞弊、玩忽职守、滥用职权。

● **典型案例**

陈某、某市公安局某分局、胡某行政处罚案[1]　［（2019）浙行申 1024 号］

申请人申诉意见实质系对被诉的行政处罚决定能否予以执行、是否实际执行存在异议，但经查，因申请人一审诉讼请求为"请求判决撤销某市公安局于 2017 年 12 月 25 日作出的行政处罚决定，故从法律上分析，被申请人作出被诉的行政处罚决定与该行政处罚决定的执

---

[1] 参见中国裁判文书网，https://wenshu.court.gov.cn/website/wenshu/181107ANFZ0BXSK4/index.html? docId=cVyxAV2KtXT71cOMhPQADplKh8Ng4uYI3DQPpASbWfXPl0HL1g7HjfUKq3u+IEo4xrhYIUL6n/HlIb6F6BMZlyN05NRB6QgWvb77MR4zDn42B3pP3FG7RLhJT/duuHAd，最后访问时间：2025 年 7 月 18 日。

行，属于两个不同的法律行为，申请人提出异议，不属于本案审理范围。《治安管理处罚法》第一百一十二条、第一百一十四条、第一百一十五条、第一百一十六条专门对公安机关的"执法监督"作了专门规定，申请人异议可通过其他方式提出。本案中，申请人提出相关主张，系对行政诉讼法律规定的误解，不能成立。

第一百三十二条 禁止行为

公安机关及其人民警察办理治安案件，禁止对违反治安管理行为人打骂、虐待或者侮辱。

● **条文注释**

本条的规定是人民警察应当遵守的行为准则。《刑法》《刑事诉讼法》《人民警察法》对此也有相关规定。

第一百三十三条 社会监督

公安机关及其人民警察办理治安案件，应当自觉接受社会和公民的监督。

公安机关及其人民警察办理治安案件，不严格执法或者有违法违纪行为的，任何单位和个人都有权向公安机关或者人民检察院、监察机关检举、控告；收到检举、控告的机关，应当依据职责及时处理。

第一百三十四条 公职人员接受治安管理处罚

公安机关作出治安管理处罚决定，发现被处罚人是公职人员，依照《中华人民共和国公职人员政务处分法》的规定需要给予政务处分的，应当依照有关规定及时通报监察机关等有关单位。

第一百三十五条　罚缴分离原则

公安机关依法实施罚款处罚，应当依照有关法律、行政法规的规定，实行罚款决定与罚款收缴分离；收缴的罚款应当全部上缴国库，不得返还、变相返还，不得与经费保障挂钩。

● **相关规定**

《罚款决定与罚款收缴分离实施办法》

第一百三十六条　记录封存

违反治安管理的记录应当予以封存，不得向任何单位和个人提供或者公开，但有关国家机关为办案需要或者有关单位根据国家规定进行查询的除外。依法进行查询的单位，应当对被封存的违法记录的情况予以保密。

第一百三十七条　同步录音录像

公安机关应当履行同步录音录像运行安全管理职责，完善技术措施，定期维护设施设备，保障录音录像设备运行连续、稳定、安全。

第一百三十八条　个人信息保护

公安机关及其人民警察不得将在办理治安案件过程中获得的个人信息，依法提取、采集的相关信息、样本用于与治安管理、查处犯罪无关的用途，不得出售、提供给其他单位或者个人。

第一百三十九条　公安机关及其民警的行政责任和刑事责任

人民警察办理治安案件，有下列行为之一的，依法给予处分；构成犯罪的，依法追究刑事责任：

（一）刑讯逼供、体罚、打骂、虐待、侮辱他人的；

（二）超过询问查证的时间限制人身自由的；

（三）不执行罚款决定与罚款收缴分离制度或者不按规定将罚没的财物上缴国库或者依法处理的；

（四）私分、侵占、挪用、故意损毁所收缴、追缴、扣押的财物的；

（五）违反规定使用或者不及时返还被侵害人财物的；

（六）违反规定不及时退还保证金的；

（七）利用职务上的便利收受他人财物或者谋取其他利益的；

（八）当场收缴罚款不出具专用票据或者不如实填写罚款数额的；

（九）接到要求制止违反治安管理行为的报警后，不及时出警的；

（十）在查处违反治安管理活动时，为违法犯罪行为人通风报信的；

（十一）泄露办理治安案件过程中的工作秘密或者其他依法应当保密的信息的；

（十二）将在办理治安案件过程中获得的个人信息，依法提取、采集的相关信息、样本用于与治安管理、查处犯罪无关的用途，或者出售、提供给其他单位或者个人的；

143

（十三）剪接、删改、损毁、丢失办理治安案件的同步录音录像资料的；

（十四）有徇私舞弊、玩忽职守、滥用职权，不依法履行法定职责的其他情形的。

办理治安案件的公安机关有前款所列行为的，对负有责任的领导人员和直接责任人员，依法给予处分。

● **条文注释**

本条第一款对人民警察在办理治安案件中实施的、应当追究法律责任的违法行为作了规定。人民警察在办理治安案件的过程中，实施上述违法行为的，应当追究的法律责任有两种：行政责任，由所在的公安机关或者上级机关给予行政处分，分为警告、记过、记大过、降级、撤职、开除六种；刑事责任，人民警察违反法律规定，实施违法行为，情节严重，构成犯罪的，应当追究刑事责任。

根据本条第二款的规定，公安机关有本条第一款所列行为的，要追究相关的法律责任。因为公安机关不是自然人，所以对其追究法律责任，是对直接负责的主管人员和其他直接责任人员追究责任，即对实施该违法行为直接负责的主管人员和其他直接责任人员追究责任，给予相应的处分，即给予警告、记过、记大过、降级、撤职、开除的处分。

第一百四十条 赔偿责任

公安机关及其人民警察违法行使职权，侵犯公民、法人和其他组织合法权益的，应当赔礼道歉；造成损害的，应当依法承担赔偿责任。

● **典型案例**

李某申请某市公安局违法刑事拘留、违法刑事扣押国家赔偿案〔（2020）最高法委赔监293号 人民法院案例库入库编号：2025-15-4-100-003〕

具有机关法人资格、能够依照预算管理权限向财政部门提出国家赔偿费用支付申请的省、市公安机关的直属公安（分）局，可以作为赔偿义务机关承担国家赔偿责任。直属公安（分）局不具备上述条件的，则由设立该直属公安（分）局的省、市公安机关作为赔偿义务机关。

● **相关规定**

《国家赔偿法》第6-16条、第32-37条

第六章 附 则

第一百四十一条　特殊情况的适用

其他法律中规定由公安机关给予行政拘留处罚的，其处罚程序适用本法规定。

公安机关依照《中华人民共和国枪支管理法》、《民用爆炸物品安全管理条例》等直接关系公共安全和社会治安秩序的法律、行政法规实施处罚的，其处罚程序适用本法规定。

本法第三十二条、第三十四条、第四十六条、第五十六条规定给予行政拘留处罚，其他法律、行政法规同时规定给予罚款、没收违法所得、没收非法财物等其他行政处罚的行为，由相关主管部门依照相应规定处罚；需要给予行政拘留处罚的，由公安机关依照本法规定处理。

第一百四十二条 海上治安管理

海警机构履行海上治安管理职责，行使本法规定的公安机关的职权，但是法律另有规定的除外。

第一百四十三条 "以上、以下、以内"的含义

本法所称以上、以下、以内，包括本数。

第一百四十四条 生效日期

本法自 2026 年 1 月 1 日起施行。

● **条文注释**

《治安管理处罚法》的时间效力是指《治安管理处罚法》在时间上的适用范围，即自 2026 年 1 月 1 日起施行。根据"法不溯及既往"原则，发生在 2026 年 1 月 1 日以前的违反治安管理行为，依照以前的有关规定处理，发生于 2026 年 1 月 1 日以后的，适用本法。

附录

公安机关执行《中华人民共和国治安管理处罚法》有关问题的解释

(2006年1月23日　公通字〔2006〕12号)

根据全国人大常委会《关于加强法律解释工作的决议》的规定,现对公安机关执行《中华人民共和国治安管理处罚法》(以下简称《治安管理处罚法》)的有关问题解释如下:

一、**关于治安案件的调解问题**。根据《治安管理处罚法》第9条的规定,对因民间纠纷引起的打架斗殴或者损毁他人财物以及其他违反治安管理行为,情节较轻的,公安机关应当本着化解矛盾纠纷、维护社会稳定、构建和谐社会的要求,依法尽量予以调解处理。特别是对因家庭、邻里、同事之间纠纷引起的违反治安管理行为,情节较轻,双方当事人愿意和解的,如制造噪声、发送信息、饲养动物干扰他人正常生活,放任动物恐吓他人、侮辱、诽谤、诬告陷害、侵犯隐私、偷开机动车等治安案件,公安机关都可以调解处理。同时,为确保调解取得良好效果,调解前应当及时依法做深入细致的调查取证工作,以查明事实、收集证据、分清责任。调解达成协议的,应当制作调解书,交双方当事人签字。

二、**关于涉外治安案件的办理问题**。《治安管理处罚法》第10条第2款规定:"对违反治安管理的外国人可以附加适用限期出境、驱逐出境"。对外国人需要依法适用限期出境、驱逐出境处罚的,由承办案件的公安机关逐级上报公安部或者公安部授权的省级人民政府公安机关决定，由承办案件的公安机关执行。对外国人依法决定行政拘留的，由承办案件的县级以上（含县级，下同）公安机关决定，不再报上一级公安机关批准。对外国人依法决定警告、罚款、行政拘留，并附加适用限期出境、驱逐出境处罚的，应当在警告、罚款、行政拘留执行完毕后，再执行限期出境、驱逐出境。

三、关于不予处罚问题。《治安管理处罚法》第12条、第13条、第14条、第19条对不予处罚的情形作了明确规定，公安机关对依法不予处罚的违反治安管理行为人，有违法所得的，应当依法予以追缴；有非法财物的，应当依法予以收缴。

《治安管理处罚法》第22条对违反治安管理行为的追究时效作了明确规定，公安机关对超过追究时效的违反治安管理行为不再处罚，但有违禁品的，应当依法予以收缴。

四、关于对单位违反治安管理的处罚问题。《治安管理处罚法》第18条规定，"单位违反治安管理的，对其直接负责的主管人员和其他直接责任人员依照本法的规定处罚。其他法律、行政法规对同一行为规定给予单位处罚的，依照其规定处罚"，并在第54条规定可以吊销公安机关发放的许可证。对单位实施《治安管理处罚法》第三章所规定的违反治安管理行为的，应当依法对其直接负责的主管人员和其他直接责任人员予以治安管理处罚；其他法律、行政法规对同一行为明确规定由公安机关给予单位警告、罚款、没收违法所得、没收非法财物等处罚，或者采取责令其限期停业整顿、停业整顿、取缔等强制措施的，应当依照其规定办理。对被依法吊销许可证的单位，应当同时依法收缴非法财物、追缴违法所得。参照刑法的规定，单位是指公司、企业、事业单位、机关、团体。

五、关于不执行行政拘留处罚问题。根据《治安管理处罚法》第21条的规定，对"已满十四周岁不满十六周岁的"，"已满十六周岁不满十八周岁，初次违反治安管理的"、"七十周岁以上的"、"怀孕或者哺乳自己不满一周岁婴儿的"违反治安管理行为人，可以依法作出行政拘留处罚决定，但不投送拘留所执行。被处罚人居住地公安派出所应当会同被处罚人所在单位、学校、家庭、居（村）民委员会、未成年人保护组织和有关社会团体进行帮教。上述未成年人、老年人的年龄、怀孕或者哺乳自己不满1周岁婴儿的妇女的情况，以其实施违反治安管理行为或者正要执行行政拘留时的实际情况确定，即违反治安管理行为人在实施违反治安管理行为时具有上述情形之一的，或者执行行政拘留时符合上述情形之一的，均不再投送拘留所执行行政拘留。

六、关于取缔问题。根据《治安管理处罚法》第54条的规定，对未经许可，擅自经营按照国家规定需要由公安机关许可的行业的，予以取缔。这里的"按照国家规定需要由公安机关许可的行业"，是指按照有关法律、行政法规和国务院决定的有关规定，需要由公安机关许可的旅馆业、典当业、公章刻制业、保安培训业等行业。取缔应当由违反治安管理行为发生地的县级以上公安机关作出决定，按照《治安管理处罚法》的有关规定采取相应的措施，如责令停止相关经营活动、进入无证经营场所进行检查、扣押与案件有关的需要作为证据的物品等。在取缔的同时，应当依法收缴非法财物、追缴违法所得。

七、关于强制性教育措施问题。《治安管理处罚法》第76条规定，对有"引诱、容留、介绍他人卖淫"，"制作、运输、复制、出售、出租淫秽的书刊、图片、影片、音像制品等淫秽物品或者利用计算机信息网络、电话以及其他通讯工具传播淫秽信息"，"以营利为目的，为赌博提供条件的，或者参与赌博赌资较大的"行为，"屡教不改的，可以按照国家规定采取强制性教育措施"。这里的"强制性教育措施"目前是指劳动教养①；"按照国家规定"是指按照《治安管理处罚法》和其他有关劳动教养的法律、行政法规的规定；"屡教不改"是指有上述行为被依法判处刑罚执行期满后五年内又实施前述行为之一，或者被依法予以罚款、行政拘留、收容教育②、劳动教养执行期满后三年内实施前述行为之一，情节较重，但尚不够刑事处罚的情形。

八、关于询问查证时间问题。《治安管理处罚法》第83条第1款规定，"对违反治安管理行为人，公安机关传唤后应当及时询问查证，询问查证的时间不得超过八小时；情况复杂，依照本法规定可能适用行政拘留处罚的，询问查证的时间不得超过二十四小时"。这里的"依照本法规定可能适用行政拘留处罚"，是指本法第三章对行为人实施的违反治安管理行为设定了行政拘留处罚，且根据其行为的性质和情节轻重，可能依法对违反治安管理行为人决定予以行政拘留的案件。

根据《治安管理处罚法》第82条和第83条的规定，公安机关或者办案部门负责人在审批书面传唤时，可以一并审批询问查证时间。对经过询问查证，属于"情况复杂"，且"依照本法规定可能适用行政拘留处罚"的案件，需要对违反治安管理行为人适用超过8小时询问查证时间的，需口头或者书面报经公安机关或者其办案部门负责人批准。对口头报批的，办案民警应当记录在案。

九、关于询问不满16周岁的未成年人问题。《治安管理处罚法》第84条、第85条规定，询问不满16周岁的违反治安管理行为人、被侵害人或者其他证人，应当通知其父母或者其他监护人到场。上述人员父母双亡，又没有其他监护人的，因种种原因无法找到其父母或者

---

① 2013年12月28日通过的《全国人民代表大会常务委员会关于废止有关劳动教养法律规定的决定》废止了劳动教养制度。——编者注。以下不再提示。

② 2020年7月21日发布的《公安部关于保留废止修改有关收容教育规范性文件的通知》废止了有关收容教育的内容。以下不再提示。

其他监护人的,以及其父母或者其他监护人收到通知后拒不到场或者不能及时到场的,办案民警应当将有关情况在笔录中注明。为保证询问的合法性和证据的有效性,在被询问人的父母或者其他监护人不能到场时,可以邀请办案地居(村)民委员会的人员,或者被询问人在办案地有完全行为能力的亲友,或者所在学校的教师,或者其他见证人到场。询问笔录应当由办案民警、被询问人、见证人签名或者盖章。有条件的地方,还可以对询问过程进行录音、录像。

十、关于铁路、交通、民航、森林公安机关和海关侦查走私犯罪公安机构以及新疆生产建设兵团公安局的治安管理处罚权问题。《治安管理处罚法》第91条规定:"治安管理处罚由县级以上人民政府公安机关决定;其中警告、五百元以下罚款可以由公安派出所决定。"根据有关法律,铁路、交通、民航、森林公安机关依法负责其管辖范围内的治安管理工作,《中华人民共和国海关行政处罚实施条例》第6条赋予了海关侦查走私犯罪公安机构对阻碍海关缉私警察依法执行职务的治安案件的查处权。为有效维护社会治安,县级以上铁路、交通、民航、森林公安机关对其管辖的治安案件,可以依法作出治安管理处罚决定,铁路、交通、民航、森林公安派出所可以作出警告、500元以下罚款的治安管理处罚决定;海关系统相当于县级以上公安机关的侦查走私犯罪公安机构可以依法查处阻碍缉私警察依法执行职务的治安案件,并依法作出治安管理处罚决定。新疆生产建设兵团系统的县级以上公安局应当视为"县级以上人民政府公安机关",可以依法作出治安管理处罚决定;其所属的公安派出所可以依法作出警告、500元以下罚款的治安管理处罚决定。

十一、关于限制人身自由的强制措施折抵行政拘留问题。《治安管理处罚法》第92条规定:"对决定给予行政拘留处罚的人,在处罚前已经采取强制措施限制人身自由的时间,应当折抵。限制人身自由一日，折抵行政拘留一日。"这里的"强制措施限制人身自由的时间"，包括被行政拘留人在被行政拘留前因同一行为被依法刑事拘留、逮捕时间。如果被行政拘留人被刑事拘留、逮捕的时间已超过被行政拘留的时间的，则行政拘留不再执行，但办案部门必须将《治安管理处罚决定书》送达被处罚人。

十二、关于办理治安案件期限问题。《治安管理处罚法》第99条规定："公安机关办理治安案件的期限，自受理之日起不得超过三十日；案情重大、复杂的，经上一级公安机关批准，可以延长三十日。为了查明案情进行鉴定的期间，不计入办理治安案件的期限。"这里的"鉴定期间"，是指公安机关提交鉴定之日起至鉴定机构作出鉴定结论并送达公安机关的期间。公安机关应当切实提高办案效率，保证在法定期限内办结治安案件。对因违反治安管理行为人逃跑等客观原因造成案件不能在法定期限内办结的，公安机关应当继续进行调查取证，及时依法作出处理决定，不能因已超过法定办案期限就不再调查取证。因违反治安管理行为人在逃，导致无法查清案件事实，无法收集足够证据而结不了案的，公安机关应当向被侵害人说明原因。对调解未达成协议或者达成协议后不履行的治安案件的办案期限，应当从调解未达成协议或者达成协议后不履行之日起开始计算。公安派出所承办的案情重大、复杂的案件，需要延长办案期限的，应当报所属县级以上公安机关负责人批准。

十三、关于将被拘留人送达拘留所执行问题。《治安管理处罚法》第103条规定："对被决定给予行政拘留处罚的人，由作出决定的公安机关送达拘留所执行。"这里的"送达拘留所执行"，是指作出行政拘留决定的公安机关将被决定行政拘留的人送到拘留所并交付执行，拘留所依法办理入所手续后即为送达。

十四、关于治安行政诉讼案件的出庭应诉问题。《治安管理处罚法》取消了行政复议前置程序。被处罚人对治安管理处罚决定不服的，既可以申请行政复议，也可以直接提起行政诉讼。对未经行政复议和经行政复议决定维持原处罚决定的行政诉讼案件，由作出处罚决定的公安机关负责人和原办案部门的承办民警出庭应诉；对经行政复议决定撤销、变更原处罚决定或者责令被申请人重新作出具体行政行为的行政诉讼案件，由行政复议机关负责人和行政复议机构的承办民警出庭应诉。

十五、关于《治安管理处罚法》的溯及力问题。 按照《中华人民共和国立法法》第84条的规定，《治安管理处罚法》不溯及既往。《治安管理处罚法》施行后，对其施行前发生且尚未作出处罚决定的违反治安管理行为，适用《中华人民共和国治安管理处罚条例》；但是，如果《治安管理处罚法》不认为是违反治安管理行为或者处罚较轻的，适用《治安管理处罚法》。

公安机关执行《中华人民共和国治安管理处罚法》有关问题的解释（二）

（2007年1月8日　公通字〔2007〕1号）

为正确、有效地执行《中华人民共和国治安管理处罚法》（以下简称《治安管理处罚法》），根据全国人民代表大会常务委员会《关于加强法律解释工作的决议》的规定，现对公安机关执行《治安管理处罚法》的有关问题解释如下：

一、关于制止违反治安管理行为的法律责任问题

为了免受正在进行的违反治安管理行为的侵害而采取的制止违法侵害行为，不属于违反治安管理行为。但对事先挑拨、故意挑逗他人对自己进行侵害，然后以制止违法侵害为名对他人加以侵害的行为，以及互相斗殴的行为，应当予以治安管理处罚。

二、关于未达目的违反治安管理行为的法律责任问题

行为人为实施违反治安管理行为准备工具、制造条件的，不予处罚。

行为人自动放弃实施违反治安管理行为或者自动有效地防止违反治安管理行为结果发生，没有造成损害的，不予处罚；造成损害的，应当减轻处罚。

行为人已经着手实施违反治安管理行为，但由于本人意志以外的原因而未得逞的，应当从轻处罚、减轻处罚或者不予处罚。

三、关于未达到刑事责任年龄不予刑事处罚的，能否予以治安管理处罚问题

对已满十四周岁不满十六周岁不予刑事处罚的，应当责令其家长

或者监护人加以管教；必要时，可以依照《治安管理处罚法》的相关规定予以治安管理处罚，或者依照《中华人民共和国刑法》第十七条的规定予以收容教养。

四、关于减轻处罚的适用问题

违反治安管理行为人具有《治安管理处罚法》第十二条、第十四条、第十九条减轻处罚情节的，按下列规定适用：

（一）法定处罚种类只有一种，在该法定处罚种类的幅度以下减轻处罚；

（二）法定处罚种类只有一种，在该法定处罚种类的幅度以下无法再减轻处罚的，不予处罚；

（三）规定拘留并处罚款的，在法定处罚幅度以下单独或者同时减轻拘留和罚款，或者在法定处罚幅度内单处拘留；

（四）规定拘留可以并处罚款的，在拘留的法定处罚幅度以下减轻处罚；在拘留的法定处罚幅度以下无法再减轻处罚的，不予处罚。

五、关于"初次违反治安管理"的认定问题

《治安管理处罚法》第二十一条第二项规定的"初次违反治安管理"，是指行为人的违反治安管理行为第一次被公安机关发现或者查处。但具有下列情形之一的，不属于"初次违反治安管理"：

（一）曾违反治安管理，虽未被公安机关发现或者查处，但仍在法定追究时效内的；

（二）曾因不满十六周岁违反治安管理，不执行行政拘留的；

（三）曾违反治安管理，经公安机关调解结案的；

（四）曾被收容教养、劳动教养的；

（五）曾因实施扰乱公共秩序，妨害公共安全，侵犯人身权利、财产权利，妨害社会管理的行为被人民法院判处刑罚或者免除刑事处罚的。

六、关于扰乱居（村）民委员会秩序和破坏居（村）民委员会选举秩序行为的法律适用问题

对扰乱居（村）民委员会秩序的行为，应当根据其具体表现形式，如侮辱、诽谤、殴打他人、故意伤害、故意损毁财物等，依照《治安管理处罚法》的相关规定予以处罚。

对破坏居（村）民委员会选举秩序的行为，应当依照《治安管理处罚法》第二十三条第一款第五项的规定予以处罚。

七、关于殴打、伤害特定对象的处罚问题

对违反《治安管理处罚法》第四十三条第二款第二项规定行为的处罚，不要求行为人主观上必须明知殴打、伤害的对象为残疾人、孕妇、不满十四周岁的人或者六十周岁以上的人。

八、关于"结伙"、"多次"、"多人"的认定问题

《治安管理处罚法》中规定的"结伙"是指两人（含两人）以上；"多次"是指三次（含三次）以上；"多人"是指三人（含三人）以上。

九、关于运送他人偷越国（边）境、偷越国（边）境和吸食、注射毒品行为的法律适用问题

对运送他人偷越国（边）境、偷越国（边）境和吸食、注射毒品行为的行政处罚，适用《治安管理处罚法》第六十一条、第六十二条第二款和第七十二条第三项的规定，不再适用全国人民代表大会常务委员会《关于严惩组织、运送他人偷越国（边）境犯罪的补充规定》和《关于禁毒的决定》的规定。

十、关于居住场所与经营场所合一的检查问题

违反治安管理行为人的居住场所与其在工商行政管理部门注册登记的经营场所合一的，在经营时间内对其检查时，应当按照检查经营场所办理相关手续；在非经营时间内对其检查时，应当按照检查公民住所办理相关手续。

十一、关于被侵害人是否有权申请行政复议问题

根据《中华人民共和国行政复议法》第二条的规定，治安案件的被侵害人认为公安机关依据《治安管理处罚法》作出的具体行政行为侵犯其合法权益的，可以依法申请行政复议。

公安机关办理行政案件程序规定

（2012年12月19日公安部令第125号修订发布 根据2014年6月29日公安部令第132号《公安部关于修改部分部门规章的决定》第一次修正 根据2018年11月25日公安部令第149号《公安部关于修改〈公安机关办理行政案件程序规定〉的决定》第二次修正 根据2020年8月6日《公安部关于废止和修改部分规章的决定》修订）

第一章 总 则

第一条 为了规范公安机关办理行政案件程序，保障公安机关在办理行政案件中正确履行职责，保护公民、法人和其他组织的合法权益，根据《中华人民共和国行政处罚法》《中华人民共和国行政强制法》《中华人民共和国治安管理处罚法》等有关法律、行政法规，制定本规定。

第二条 本规定所称行政案件，是指公安机关依照法律、法规和规章的规定对违法行为人决定行政处罚以及强制隔离戒毒等处理措施的案件。

本规定所称公安机关，是指县级以上公安机关、公安派出所、依法具有独立执法主体资格的公安机关业务部门以及出入境边防检查站。

第三条 办理行政案件应当以事实为根据，以法律为准绳。

第四条 办理行政案件应当遵循合法、公正、公开、及时的原则，尊重和保障人权，保护公民的人格尊严。

第五条 办理行政案件应当坚持教育与处罚相结合的原则，教育公民、法人和其他组织自觉守法。

第六条 办理未成年人的行政案件，应当根据未成年人的身心特点，保障其合法权益。

第七条 办理行政案件，在少数民族聚居或者多民族共同居住的地区，应当使用当地通用的语言进行询问。对不通晓当地通用语言文字的当事人，应当为他们提供翻译。

第八条 公安机关及其人民警察在办理行政案件时，对涉及的国家秘密、商业秘密或者个人隐私，应当保密。

第九条 公安机关人民警察在办案中玩忽职守、徇私舞弊、滥用职权、索取或者收受他人财物的，依法给予处分；构成犯罪的，依法追究刑事责任。

第二章 管 辖

第十条 行政案件由违法行为地的公安机关管辖。由违法行为人居住地公安机关管辖更为适宜的，可以由违法行为人居住地公安机关管辖，但是涉及卖淫、嫖娼、赌博、毒品的案件除外。

违法行为地包括违法行为发生地和违法结果发生地。违法行为发生地，包括违法行为的实施地以及开始地、途经地、结束地等与违法行为有关的地点；违法行为有连续、持续或者继续状态的，违法行为连续、持续或者继续实施的地方都属于违法行为发生地。违法结果发生地，包括违法对象被侵害地、违法所得的实际取得地、藏匿地、转移地、使用地、销售地。

居住地包括户籍所在地、经常居住地。经常居住地是指公民离开户籍所在地最后连续居住一年以上的地方,但在医院住院就医的除外。

移交违法行为人居住地公安机关管辖的行政案件,违法行为地公安机关在移交前应当及时收集证据,并配合违法行为人居住地公安机关开展调查取证工作。

第十一条 针对或者利用网络实施的违法行为,用于实施违法行为的网站服务器所在地、网络接入地以及网站建立者或者管理者所在地,被侵害的网络及其运营者所在地,违法过程中违法行为人、被侵害人使用的网络及其运营者所在地,被侵害人被侵害时所在地,以及被侵害人财产遭受损失地公安机关可以管辖。

第十二条 行驶中的客车上发生的行政案件,由案发后客车最初停靠地公安机关管辖;必要时,始发地、途经地、到达地公安机关也可以管辖。

第十三条 行政案件由县级公安机关及其公安派出所、依法具有独立执法主体资格的公安机关业务部门以及出入境边防检查站按照法律、行政法规、规章授权和管辖分工办理,但法律、行政法规、规章规定由设区的市级以上公安机关办理的除外。

第十四条 几个公安机关都有权管辖的行政案件,由最初受理的公安机关管辖。必要时,可以由主要违法行为地公安机关管辖。

第十五条 对管辖权发生争议的,报请共同的上级公安机关指定管辖。

对于重大、复杂的案件,上级公安机关可以直接办理或者指定管辖。

上级公安机关直接办理或者指定管辖的,应当书面通知被指定管辖的公安机关和其他有关的公安机关。

原受理案件的公安机关自收到上级公安机关书面通知之日起不再

行使管辖权，并立即将案卷材料移送被指定管辖的公安机关或者办理的上级公安机关，及时书面通知当事人。

第十六条 铁路公安机关管辖列车上，火车站工作区域内，铁路系统的机关、厂、段、所、队等单位内发生的行政案件，以及在铁路线上放置障碍物或者损毁、移动铁路设施等可能影响铁路运输安全、盗窃铁路设施的行政案件。对倒卖、伪造、变造火车票案件，由最初受理的铁路或者地方公安机关管辖。必要时，可以移送主要违法行为发生地的铁路或者地方公安机关管辖。

交通公安机关管辖港航管理机构管理的轮船上、港口、码头工作区域内和港航系统的机关、厂、所、队等单位内发生的行政案件。

民航公安机关管辖民航管理机构管理的机场工作区域以及民航系统的机关、厂、所、队等单位内和民航飞机上发生的行政案件。

国有林区的森林公安机关管辖林区内发生的行政案件。

海关缉私机构管辖阻碍海关缉私警察依法执行职务的治安案件。

第三章 回 避

第十七条 公安机关负责人、办案人民警察有下列情形之一的，应当自行提出回避申请，案件当事人及其法定代理人有权要求他们回避：

（一）是本案的当事人或者当事人近亲属的；

（二）本人或者其近亲属与本案有利害关系的；

（三）与本案当事人有其他关系，可能影响案件公正处理的。

第十八条 公安机关负责人、办案人民警察提出回避申请的，应当说明理由。

第十九条 办案人民警察的回避，由其所属的公安机关决定；公安机关负责人的回避，由上一级公安机关决定。

第二十条　当事人及其法定代理人要求公安机关负责人、办案人民警察回避的，应当提出申请，并说明理由。口头提出申请的，公安机关应当记录在案。

第二十一条　对当事人及其法定代理人提出的回避申请，公安机关应当在收到申请之日起二日内作出决定并通知申请人。

第二十二条　公安机关负责人、办案人民警察具有应当回避的情形之一，本人没有申请回避，当事人及其法定代理人也没有申请其回避的，有权决定其回避的公安机关可以指令其回避。

第二十三条　在行政案件调查过程中，鉴定人和翻译人员需要回避的，适用本章的规定。

鉴定人、翻译人员的回避，由指派或者聘请的公安机关决定。

第二十四条　在公安机关作出回避决定前，办案人民警察不得停止对行政案件的调查。

作出回避决定后，公安机关负责人、办案人民警察不得再参与该行政案件的调查和审核、审批工作。

第二十五条　被决定回避的公安机关负责人、办案人民警察、鉴定人和翻译人员，在回避决定作出前所进行的与案件有关的活动是否有效，由作出回避决定的公安机关根据是否影响案件依法公正处理等情况决定。

第四章　证　　据

第二十六条　可以用于证明案件事实的材料，都是证据。公安机关办理行政案件的证据包括：

（一）物证；

（二）书证；

（三）被侵害人陈述和其他证人证言；

（四）违法嫌疑人的陈述和申辩；

（五）鉴定意见；

（六）勘验、检查、辨认笔录，现场笔录；

（七）视听资料、电子数据。

证据必须经过查证属实，才能作为定案的根据。

第二十七条　公安机关必须依照法定程序，收集能够证实违法嫌疑人是否违法、违法情节轻重的证据。

严禁刑讯逼供和以威胁、欺骗等非法方法收集证据。采用刑讯逼供等非法方法收集的违法嫌疑人的陈述和申辩以及采用暴力、威胁等非法方法收集的被侵害人陈述、其他证人证言，不能作为定案的根据。收集物证、书证不符合法定程序，可能严重影响执法公正的，应当予以补正或者作出合理解释；不能补正或者作出合理解释的，不能作为定案的根据。

第二十八条　公安机关向有关单位和个人收集、调取证据时，应当告知其必须如实提供证据，并告知其伪造、隐匿、毁灭证据，提供虚假证词应当承担的法律责任。

需要向有关单位和个人调取证据的，经公安机关办案部门负责人批准，开具调取证据通知书，明确调取的证据和提供时限。被调取人应当在通知书上盖章或者签名，被调取人拒绝的，公安机关应当注明。必要时，公安机关应当采用录音、录像等方式固定证据内容及取证过程。

需要向有关单位紧急调取证据的，公安机关可以在电话告知人民警察身份的同时，将调取证据通知书连同办案人民警察的人民警察证复印件通过传真、互联网通讯工具等方式送达有关单位。

第二十九条　收集调取的物证应当是原物。在原物不便搬运、不易保存或者依法应当由有关部门保管、处理或者依法应当返还时，可以拍摄或者制作足以反映原物外形或者内容的照片、录像。

物证的照片、录像，经与原物核实无误或者经鉴定证明为真实的，可以作为证据使用。

第三十条 收集、调取的书证应当是原件。在取得原件确有困难时，可以使用副本或者复制件。

书证的副本、复制件，经与原件核实无误或者经鉴定证明为真实的，可以作为证据使用。书证有更改或者更改迹象不能作出合理解释的，或者书证的副本、复制件不能反映书证原件及其内容的，不能作为证据使用。

第三十一条 物证的照片、录像，书证的副本、复制件，视听资料的复制件，应当附有关制作过程及原件、原物存放处的文字说明，并由制作人和物品持有人或者持有单位有关人员签名。

第三十二条 收集电子数据，能够扣押电子数据原始存储介质的，应当扣押。

无法扣押原始存储介质的，可以提取电子数据。提取电子数据，应当制作笔录，并附电子数据清单，由办案人民警察、电子数据持有人签名。持有人无法或者拒绝签名的，应当在笔录中注明。

由于客观原因无法或者不宜依照前两款规定收集电子数据的，可以采取打印、拍照或者录像等方式固定相关证据，并附有关原因、过程等情况的文字说明，由办案人民警察、电子数据持有人签名。持有人无法或者拒绝签名的，应当注明情况。

第三十三条 刑事案件转为行政案件办理的，刑事案件办理过程中收集的证据材料，可以作为行政案件的证据使用。

第三十四条 凡知道案件情况的人，都有作证的义务。

生理上、精神上有缺陷或者年幼，不能辨别是非、不能正确表达的人，不能作为证人。

第五章　期间与送达

第三十五条　期间以时、日、月、年计算，期间开始之时或者日不计算在内。法律文书送达的期间不包括路途上的时间。期间的最后一日是节假日的，以节假日后的第一日为期满日期，但违法行为人被限制人身自由的期间，应当至期满之日为止，不得因节假日而延长。

第三十六条　送达法律文书，应当遵守下列规定：

（一）依照简易程序作出当场处罚决定的，应当将决定书当场交付被处罚人，并由被处罚人在备案的决定书上签名或者捺指印；被处罚人拒绝的，由办案人民警察在备案的决定书上注明；

（二）除本款第一项规定外，作出行政处罚决定和其他行政处理决定，应当在宣告后将决定书当场交付被处理人，并由被处理人在附卷的决定书上签名或者捺指印，即为送达；被处理人拒绝的，由办案人民警察在附卷的决定书上注明；被处理人不在场的，公安机关应当在作出决定的七日内将决定书送达被处理人，治安管理处罚决定应当在二日内送达。

送达法律文书应当首先采取直接送达方式，交给受送达人本人；受送达人不在的，可以交付其成年家属、所在单位的负责人员或者其居住地居（村）民委员会代收。受送达人本人或者代收人拒绝接收或者拒绝签名和捺指印的，送达人可以邀请其邻居或者其他见证人到场，说明情况，也可以对拒收情况进行录音录像，把文书留在受送达人处，在附卷的法律文书上注明拒绝的事由、送达日期，由送达人、见证人签名或者捺指印，即视为送达。

无法直接送达的，委托其他公安机关代为送达，或者邮寄送达。经受送达人同意，可以采用传真、互联网通讯工具等能够确认其收悉的方式送达。

经采取上述送达方式仍无法送达的，可以公告送达。公告的范围和方式应当便于公民知晓，公告期限不得少于六十日。

第六章　简易程序和快速办理

第一节　简易程序

第三十七条　违法事实确凿，且具有下列情形之一的，人民警察可以当场作出处罚决定，有违禁品的，可以当场收缴：

（一）对违反治安管理行为人或者道路交通违法行为人处二百元以下罚款或者警告的；

（二）出入境边防检查机关对违反出境入境管理行为人处五百元以下罚款或者警告的；

（三）对有其他违法行为的个人处五十元以下罚款或者警告、对单位处一千元以下罚款或者警告的；

（四）法律规定可以当场处罚的其他情形。

涉及卖淫、嫖娼、赌博、毒品的案件，不适用当场处罚。

第三十八条　当场处罚，应当按照下列程序实施：

（一）向违法行为人表明执法身份；

（二）收集证据；

（三）口头告知违法行为人拟作出行政处罚决定的事实、理由和依据，并告知违法行为人依法享有的陈述权和申辩权；

（四）充分听取违法行为人的陈述和申辩。违法行为人提出的事实、理由或者证据成立的，应当采纳；

（五）填写当场处罚决定书并当场交付被处罚人；

（六）当场收缴罚款的，同时填写罚款收据，交付被处罚人；未当场收缴罚款的，应当告知被处罚人在规定期限内到指定的银行缴纳罚款。

第三十九条 适用简易程序处罚的，可以由人民警察一人作出行政处罚决定。

人民警察当场作出行政处罚决定的，应当于作出决定后的二十四小时内将当场处罚决定书报所属公安机关备案，交通警察应当于作出决定后的二日内报所属公安机关交通管理部门备案。在旅客列车、民航飞机、水上作出行政处罚决定的，应当在返回后的二十四小时内报所属公安机关备案。

第二节 快速办理

第四十条 对不适用简易程序，但事实清楚，违法嫌疑人自愿认错认罚，且对违法事实和法律适用没有异议的行政案件，公安机关可以通过简化取证方式和审核审批手续等措施快速办理。

第四十一条 行政案件具有下列情形之一的，不适用快速办理：

（一）违法嫌疑人系盲、聋、哑人，未成年人或者疑似精神病人的；

（二）依法应当适用听证程序的；

（三）可能作出十日以上行政拘留处罚的；

（四）其他不宜快速办理的。

第四十二条 快速办理行政案件前，公安机关应当书面告知违法嫌疑人快速办理的相关规定，征得其同意，并由其签名确认。

第四十三条 对符合快速办理条件的行政案件，违法嫌疑人在自行书写材料或者询问笔录中承认违法事实、认错认罚，并有视音频记录、电子数据、检查笔录等关键证据能够相互印证的，公安机关可以不再开展其他调查取证工作。

第四十四条　对适用快速办理的行政案件，可以由专兼职法制员或者办案部门负责人审核后，报公安机关负责人审批。

第四十五条　对快速办理的行政案件，公安机关可以根据不同案件类型，使用简明扼要的格式询问笔录，尽量减少需要文字记录的内容。

被询问人自行书写材料的，办案单位可以提供样式供其参考。

使用执法记录仪等设备对询问过程录音录像的，可以替代书面询问笔录，必要时，对视听资料的关键内容和相应时间段等作文字说明。

第四十六条　对快速办理的行政案件，公安机关可以根据违法行为人认错悔改、纠正违法行为、赔偿损失以及被侵害人谅解情况等情节，依法对违法行为人从轻、减轻处罚或者不予行政处罚。

对快速办理的行政案件，公安机关可以采用口头方式履行处罚前告知程序，由办案人民警察在案卷材料中注明告知情况，并由被告知人签名确认。

第四十七条　对快速办理的行政案件，公安机关应当在违法嫌疑人到案后四十八小时内作出处理决定。

第四十八条　公安机关快速办理行政案件时，发现不适宜快速办理的，转为一般案件办理。快速办理阶段依法收集的证据，可以作为定案的根据。

第七章　调查取证

第一节　一般规定

第四十九条　对行政案件进行调查时，应当合法、及时、客观、全面地收集、调取证据材料，并予以审查、核实。

第五十条　需要调查的案件事实包括：

（一）违法嫌疑人的基本情况；

（二）违法行为是否存在；

（三）违法行为是否为违法嫌疑人实施；

（四）实施违法行为的时间、地点、手段、后果以及其他情节；

（五）违法嫌疑人有无法定从重、从轻、减轻以及不予行政处罚的情形；

（六）与案件有关的其他事实。

第五十一条　公安机关调查取证时，应当防止泄露工作秘密。

第五十二条　公安机关进行询问、辨认、检查、勘验，实施行政强制措施等调查取证工作时，人民警察不得少于二人，并表明执法身份。

接报案、受案登记、接受证据、信息采集、调解、送达文书等工作，可以由一名人民警察带领警务辅助人员进行，但应当全程录音录像。

第五十三条　对查获或者到案的违法嫌疑人应当进行安全检查，发现违禁品或者管制器具、武器、易燃易爆等危险品以及与案件有关的需要作为证据的物品的，应当立即扣押；对违法嫌疑人随身携带的与案件无关的物品，应当按照有关规定予以登记、保管、退还。安全检查不需要开具检查证。

前款规定的扣押适用本规定第五十五条和第五十六条以及本章第七节的规定。

第五十四条　办理行政案件时，可以依法采取下列行政强制措施：

（一）对物品、设施、场所采取扣押、扣留、查封、先行登记保存、抽样取证、封存文件资料等强制措施，对恐怖活动嫌疑人的存款、汇款、债券、股票、基金份额等财产还可以采取冻结措施；

（二）对违法嫌疑人采取保护性约束措施、继续盘问、强制传唤、强制检测、拘留审查、限制活动范围，对恐怖活动嫌疑人采取约束措施等强制措施。

第五十五条 实施行政强制措施应当遵守下列规定：

（一）实施前须依法向公安机关负责人报告并经批准；

（二）通知当事人到场，当场告知当事人采取行政强制措施的理由、依据以及当事人依法享有的权利、救济途径。当事人不到场的，邀请见证人到场，并在现场笔录中注明；

（三）听取当事人的陈述和申辩；

（四）制作现场笔录，由当事人和办案人民警察签名或者盖章，当事人拒绝的，在笔录中注明。当事人不在场的，由见证人和办案人民警察在笔录上签名或者盖章；

（五）实施限制公民人身自由的行政强制措施的，应当当场告知当事人家属实施强制措施的公安机关、理由、地点和期限；无法当场告知的，应当在实施强制措施后立即通过电话、短信、传真等方式通知；身份不明、拒不提供家属联系方式或者因自然灾害等不可抗力导致无法通知的，可以不予通知。告知、通知家属情况或者无法通知家属的原因应当在询问笔录中注明。

（六）法律、法规规定的其他程序。

勘验、检查时实施行政强制措施，制作勘验、检查笔录的，不再制作现场笔录。

实施行政强制措施的全程录音录像，已经具备本条第一款第二项、第三项规定的实质要素的，可以替代书面现场笔录，但应当对视听资料的关键内容和相应时间段等作文字说明。

第五十六条 情况紧急，当场实施行政强制措施的，办案人民警察应当在二十四小时内依法向其所属的公安机关负责人报告，并补办批准手续。当场实施限制公民人身自由的行政强制措施的,办案人民警察应当在返回单位后立即报告,并补办批准手续。公安机关负责人认为不应当采取行政强制措施的,应当立即解除。

第五十七条　为维护社会秩序,人民警察对有违法嫌疑的人员,经表明执法身份后,可以当场盘问、检查。对当场盘问、检查后,不能排除其违法嫌疑,依法可以适用继续盘问的,可以将其带至公安机关,经公安派出所负责人批准,对其继续盘问。对违反出境入境管理的嫌疑人依法适用继续盘问的,应当经县级以上公安机关或者出入境边防检查机关负责人批准。

继续盘问的时限一般为十二小时;对在十二小时以内确实难以证实或者排除其违法犯罪嫌疑的,可以延长至二十四小时;对不讲真实姓名、住址、身份,且在二十四小时以内仍不能证实或者排除其违法犯罪嫌疑的,可以延长至四十八小时。

第五十八条　违法嫌疑人在醉酒状态中,对本人有危险或者对他人的人身、财产或者公共安全有威胁的,可以对其采取保护性措施约束至酒醒,也可以通知其家属、亲友或者所属单位将其领回看管,必要时,应当送医院醒酒。对行为举止失控的醉酒人,可以使用约束带或者警绳等进行约束,但是不得使用手铐、脚镣等警械。

约束过程中,应当指定专人严加看护。确认醉酒人酒醒后,应当立即解除约束,并进行询问。约束时间不计算在询问查证时间内。

第五十九条　对恐怖活动嫌疑人实施约束措施,应当遵守下列规定:

(一)实施前须经县级以上公安机关负责人批准;

(二)告知嫌疑人采取约束措施的理由、依据以及其依法享有的权利、救济途径;

(三)听取嫌疑人的陈述和申辩;

171

（四）出具决定书。

公安机关可以采取电子监控、不定期检查等方式对被约束人遵守约束措施的情况进行监督。

约束措施的期限不得超过三个月。对不需要继续采取约束措施的，应当及时解除并通知被约束人。

第二节　受　案

第六十条　县级公安机关及其公安派出所、依法具有独立执法主体资格的公安机关业务部门以及出入境边防检查站对报案、控告、举报、群众扭送或者违法嫌疑人投案，以及其他国家机关移送的案件，应当及时受理并按照规定进行网上接报案登记。对重复报案、案件正在办理或者已经办结的，应当向报案人、控告人、举报人、扭送人、投案人作出解释，不再登记。

第六十一条　公安机关应当对报案、控告、举报、群众扭送或者违法嫌疑人投案分别作出下列处理，并将处理情况在接报案登记中注明：

（一）对属于本单位管辖范围内的案件，应当立即调查处理，制作受案登记表和受案回执，并将受案回执交报案人、控告人、举报人、扭送人；

（二）对属于公安机关职责范围，但不属于本单位管辖的，应当在二十四小时内移送有管辖权的单位处理，并告知报案人、控告人、举报人、扭送人、投案人；

（三）对不属于公安机关职责范围的事项，在接报案时能够当场判断的，应当立即口头告知报案人、控告人、举报人、扭送人、投案人向其他主管机关报案或者投案，报案人、控告人、举报人、扭送人、投案人对口头告知内容有异议或者不能当场判断的，应当书面告知，但因没有联系方式、身份不明等客观原因无法书面告知的除外。

在日常执法执勤中发现的违法行为，适用前款规定。

第六十二条 属于公安机关职责范围但不属于本单位管辖的案件，具有下列情形之一的，受理案件或者发现案件的公安机关及其人民警察应当依法先行采取必要的强制措施或者其他处置措施，再移送有管辖权的单位处理：

（一）违法嫌疑人正在实施危害行为的；

（二）正在实施违法行为或者违法后即时被发现的现行犯被扭送至公安机关的；

（三）在逃的违法嫌疑人已被抓获或者被发现的；

（四）有人员伤亡，需要立即采取救治措施的；

（五）其他应当采取紧急措施的情形。

行政案件移送管辖的，询问查证时间和扣押等措施的期限重新计算。

第六十三条 报案人不愿意公开自己的姓名和报案行为的，公安机关应当在受案登记时注明，并为其保密。

第六十四条 对报案人、控告人、举报人、扭送人、投案人提供的有关证据材料、物品等应当登记，出具接受证据清单，并妥善保管。必要时，应当拍照、录音、录像。移送案件时，应当将有关证据材料和物品一并移交。

第六十五条 对发现或者受理的案件暂时无法确定为刑事案件或者行政案件的，可以按照行政案件的程序办理。在办理过程中，认为涉嫌构成犯罪的，应当按照《公安机关办理刑事案件程序规定》办理。

第三节 询 问

第六十六条 询问违法嫌疑人，可以到违法嫌疑人住处或者单位进行，也可以将违法嫌疑人传唤到其所在市、县内的指定地点进行。

第六十七条 需要传唤违法嫌疑人接受调查的，经公安派出所、县级以上公安机关办案部门或者出入境边防检查机关负责人批准，使用传唤证传唤。对现场发现的违法嫌疑人，人民警察经出示人民警察证，可以口头传唤，并在询问笔录中注明违法嫌疑人到案经过、到案时间和离开时间。

单位违反公安行政管理规定，需要传唤其直接负责的主管人员和其他直接责任人员的，适用前款规定。

对无正当理由不接受传唤或者逃避传唤的违反治安管理、出境入境管理的嫌疑人以及法律规定可以强制传唤的其他违法嫌疑人，经公安派出所、县级以上公安机关办案部门或者出入境边防检查机关负责人批准，可以强制传唤。强制传唤时，可以依法使用手铐、警绳等约束性警械。

公安机关应当将传唤的原因和依据告知被传唤人，并通知其家属。公安机关通知被传唤人家属适用本规定第五十五条第一款第五项的规定。

第六十八条 使用传唤证传唤的，违法嫌疑人被传唤到案后和询问查证结束后，应当由其在传唤证上填写到案和离开时间并签名。拒绝填写或者签名的，办案人民警察应当在传唤证上注明。

第六十九条 对被传唤的违法嫌疑人，应当及时询问查证，询问查证的时间不得超过八小时；案情复杂，违法行为依法可能适用行政拘留处罚的，询问查证的时间不得超过二十四小时。

不得以连续传唤的形式变相拘禁违法嫌疑人。

第七十条 对于投案自首或者群众扭送的违法嫌疑人，公安机关应当立即进行询问查证，并在询问笔录中记明违法嫌疑人到案经过、到案和离开时间。询问查证时间适用本规定第六十九条第一款的规定。

对于投案自首或者群众扭送的违法嫌疑人，公安机关应当适用本规定第五十五条第一款第五项的规定通知其家属。

第七十一条　在公安机关询问违法嫌疑人，应当在办案场所进行。

询问查证期间应当保证违法嫌疑人的饮食和必要的休息时间，并在询问笔录中注明。

在询问查证的间隙期间，可以将违法嫌疑人送入候问室，并按照候问室的管理规定执行。

第七十二条　询问违法嫌疑人、被侵害人或者其他证人，应当个别进行。

第七十三条　首次询问违法嫌疑人时，应当问明违法嫌疑人的姓名、出生日期、户籍所在地、现住址、身份证件种类及号码，是否为各级人民代表大会代表，是否受过刑事处罚或者行政拘留、强制隔离戒毒、社区戒毒、收容教养等情况。必要时，还应当问明其家庭主要成员、工作单位、文化程度、民族、身体状况等情况。

违法嫌疑人为外国人的，首次询问时还应当问明其国籍、出入境证件种类及号码、签证种类、入境时间、入境事由等情况。必要时，还应当问明其在华关系人等情况。

第七十四条　询问时，应当告知被询问人必须如实提供证据、证言和故意作伪证或者隐匿证据应负的法律责任，对与本案无关的问题有拒绝回答的权利。

第七十五条　询问未成年人时，应当通知其父母或者其他监护人到场，其父母或者其他监护人不能到场的，也可以通知未成年人的其他成年亲属，所在学校、单位、居住地基层组织或者未成年人保护组织的代表到场，并将有关情况记录在案。确实无法通知或者通知后未到场的，应当在询问笔录中注明。

第七十六条 询问聋哑人，应当有通晓手语的人提供帮助，并在询问笔录中注明被询问人的聋哑情况以及翻译人员的姓名、住址、工作单位和联系方式。

对不通晓当地通用的语言文字的被询问人，应当为其配备翻译人员，并在询问笔录中注明翻译人员的姓名、住址、工作单位和联系方式。

第七十七条 询问笔录应当交被询问人核对，对没有阅读能力的，应当向其宣读。记录有误或者遗漏的，应当允许被询问人更正或者补充，并要求其在修改处捺指印。被询问人确认笔录无误后，应当在询问笔录上逐页签名或者捺指印。拒绝签名和捺指印的，办案人民警察应当在询问笔录中注明。

办案人民警察应当在询问笔录上签名，翻译人员应当在询问笔录的结尾处签名。

询问时，可以全程录音、录像，并保持录音、录像资料的完整性。

第七十八条 询问违法嫌疑人时，应当听取违法嫌疑人的陈述和申辩。对违法嫌疑人的陈述和申辩，应当核查。

第七十九条 询问被侵害人或者其他证人，可以在现场进行，也可以到其单位、学校、住所、其居住地居（村）民委员会或者其提出的地点进行。必要时，也可以书面、电话或者当场通知其到公安机关提供证言。

在现场询问的，办案人民警察应当出示人民警察证。

询问前，应当了解被询问人的身份以及其与被侵害人、其他证人、违法嫌疑人之间的关系。

第八十条 违法嫌疑人、被侵害人或者其他证人请求自行提供书面材料的，应当准许。必要时，办案人民警察也可以要求违法嫌疑人、被侵害人或者其他证人自行书写。违法嫌疑人、被侵害人或者其他证人应当在其提供的书面材料的结尾处签名或者捺指印。对打印的书面材料，违法嫌疑人、被侵害人或者其他证人应当逐页签名或者捺指印。办案人民警察收到书面材料后，应当在首页注明收到日期，并签名。

第四节　勘验、检查

第八十一条　对于违法行为案发现场，必要时应当进行勘验，提取与案件有关的证据材料，判断案件性质，确定调查方向和范围。

现场勘验参照刑事案件现场勘验的有关规定执行。

第八十二条　对与违法行为有关的场所、物品、人身可以进行检查。检查时，人民警察不得少于二人，并应当出示人民警察证和县级以上公安机关开具的检查证。对确有必要立即进行检查的，人民警察经出示人民警察证，可以当场检查；但检查公民住所的，必须有证据表明或者有群众报警公民住所内正在发生危害公共安全或者公民人身安全的案（事）件，或者违法存放危险物质，不立即检查可能会对公共安全或者公民人身、财产安全造成重大危害。

对机关、团体、企业、事业单位或者公共场所进行日常执法监督检查，依照有关法律、法规和规章执行，不适用前款规定。

第八十三条　对违法嫌疑人，可以依法提取或者采集肖像、指纹等人体生物识别信息；涉嫌酒后驾驶机动车、吸毒、从事恐怖活动等违法行为的，可以依照《中华人民共和国道路交通安全法》《中华人民共和国禁毒法》《中华人民共和国反恐怖主义法》等规定提取或者采集血液、尿液、毛发、脱落细胞等生物样本。人身安全检查和当场检查时已经提取、采集的信息，不再提取、采集。

第八十四条　对违法嫌疑人进行检查时，应当尊重被检查人的人格尊严，不得以有损人格尊严的方式进行检查。

检查妇女的身体，应当由女性工作人员进行。

依法对卖淫、嫖娼人员进行性病检查，应当由医生进行。

第八十五条 检查场所或者物品时，应当注意避免对物品造成不必要的损坏。

检查场所时，应当有被检查人或者见证人在场。

第八十六条 检查情况应当制作检查笔录。检查笔录由检查人员、被检查人或者见证人签名；被检查人不在场或者拒绝签名的，办案人民警察应当在检查笔录中注明。

检查时的全程录音录像可以替代书面检查笔录，但应当对视听资料的关键内容和相应时间段等作文字说明。

第五节 鉴 定

第八十七条 为了查明案情，需要对专门性技术问题进行鉴定的，应当指派或者聘请具有专门知识的人员进行。

需要聘请本公安机关以外的人进行鉴定的，应当经公安机关办案部门负责人批准后，制作鉴定聘请书。

第八十八条 公安机关应当为鉴定提供必要的条件，及时送交有关检材和比对样本等原始材料，介绍与鉴定有关的情况，并且明确提出要求鉴定解决的问题。

办案人民警察应当做好检材的保管和送检工作，并注明检材送检环节的责任人，确保检材在流转环节中的同一性和不被污染。

禁止强迫或者暗示鉴定人作出某种鉴定意见。

第八十九条 对人身伤害的鉴定由法医进行。

卫生行政主管部门许可的医疗机构具有执业资格的医生出具的诊断证明，可以作为公安机关认定人身伤害程度的依据，但具有本规定第九十条规定情形的除外。

对精神病的鉴定，由有精神病鉴定资格的鉴定机构进行。

第九十条　人身伤害案件具有下列情形之一的，公安机关应当进行伤情鉴定：

（一）受伤程度较重，可能构成轻伤以上伤害程度的；

（二）被侵害人要求作伤情鉴定的；

（三）违法嫌疑人、被侵害人对伤害程度有争议的。

第九十一条　对需要进行伤情鉴定的案件，被侵害人拒绝提供诊断证明或者拒绝进行伤情鉴定的，公安机关应当将有关情况记录在案，并可以根据已认定的事实作出处理决定。

经公安机关通知，被侵害人无正当理由未在公安机关确定的时间内作伤情鉴定的，视为拒绝鉴定。

第九十二条　对电子数据涉及的专门性问题难以确定的，由司法鉴定机构出具鉴定意见，或者由公安部指定的机构出具报告。

第九十三条　涉案物品价值不明或者难以确定的，公安机关应当委托价格鉴证机构估价。

根据当事人提供的购买发票等票据能够认定价值的涉案物品，或者价值明显不够刑事立案标准的涉案物品，公安机关可以不进行价格鉴证。

第九十四条　对涉嫌吸毒的人员，应当进行吸毒检测，被检测人员应当配合；对拒绝接受检测的，经县级以上公安机关或者其派出机构负责人批准，可以强制检测。采集女性被检测人检测样本，应当由女性工作人员进行。

对涉嫌服用国家管制的精神药品、麻醉药品驾驶机动车的人员，可以对其进行体内国家管制的精神药品、麻醉药品含量检验。

第九十五条　对有酒后驾驶机动车嫌疑的人，应当对其进行呼气酒精测试，对具有下列情形之一的，应当立即提取血样，检验血液酒精含量：

（一）当事人对呼气酒精测试结果有异议的；

（二）当事人拒绝配合呼气酒精测试的；

（三）涉嫌醉酒驾驶机动车的；

（四）涉嫌饮酒后驾驶机动车发生交通事故的。

当事人对呼气酒精测试结果无异议的，应当签字确认。事后提出异议的，不予采纳。

第九十六条 鉴定人鉴定后，应当出具鉴定意见。鉴定意见应当载明委托人、委托鉴定的事项、提交鉴定的相关材料、鉴定的时间、依据和结论性意见等内容，并由鉴定人签名或者盖章。通过分析得出鉴定意见的，应当有分析过程的说明。鉴定意见应当附有鉴定机构和鉴定人的资质证明或者其他证明文件。

鉴定人对鉴定意见负责，不受任何机关、团体、企业、事业单位和个人的干涉。多人参加鉴定，对鉴定意见有不同意见的，应当注明。

鉴定人故意作虚假鉴定的，应当承担法律责任。

第九十七条 办案人民警察应当对鉴定意见进行审查。

对经审查作为证据使用的鉴定意见，公安机关应当在收到鉴定意见之日起五日内将鉴定意见复印件送达违法嫌疑人和被侵害人。

医疗机构出具的诊断证明作为公安机关认定人身伤害程度的依据的，应当将诊断证明结论书面告知违法嫌疑人和被侵害人。

违法嫌疑人或者被侵害人对鉴定意见有异议的，可以在收到鉴定意见复印件之日起三日内提出重新鉴定的申请，经县级以上公安机关批准后，进行重新鉴定。同一行政案件的同一事项重新鉴定以一次为限。

当事人是否申请重新鉴定，不影响案件的正常办理。

公安机关认为必要时，也可以直接决定重新鉴定。

第九十八条 具有下列情形之一的，应当进行重新鉴定：

（一）鉴定程序违法或者违反相关专业技术要求，可能影响鉴定意见正确性的；

（二）鉴定机构、鉴定人不具备鉴定资质和条件的；

（三）鉴定意见明显依据不足的；

（四）鉴定人故意作虚假鉴定的；

（五）鉴定人应当回避而没有回避的；

（六）检材虚假或者被损坏的；

（七）其他应当重新鉴定的。

不符合前款规定情形的，经县级以上公安机关负责人批准，作出不准予重新鉴定的决定，并在作出决定之日起的三日以内书面通知申请人。

第九十九条 重新鉴定，公安机关应当另行指派或者聘请鉴定人。

第一百条 鉴定费用由公安机关承担，但当事人自行鉴定的除外。

第六节 辨 认

第一百零一条 为了查明案情，办案人民警察可以让违法嫌疑人、被侵害人或者其他证人对与违法行为有关的物品、场所或者违法嫌疑人进行辨认。

第一百零二条 辨认由二名以上办案人民警察主持。

组织辨认前，应当向辨认人详细询问辨认对象的具体特征，并避免辨认人见到辨认对象。

第一百零三条 多名辨认人对同一辨认对象或者一名辨认人对多名辨认对象进行辨认时，应当个别进行。

第一百零四条 辨认时，应当将辨认对象混杂在特征相类似的其他对象中，不得给辨认人任何暗示。

辨认违法嫌疑人时，被辨认的人数不得少于七人；对违法嫌疑人照片进行辨认的,不得少于十人的照片。

辨认每一件物品时,混杂的同类物品不得少于五件。

同一辨认人对与同一案件有关的辨认对象进行多组辨认的,不得重复使用陪衬照片或者陪衬人。

第一百零五条 辨认人不愿意暴露身份的,对违法嫌疑人的辨认可以在不暴露辨认人的情况下进行,公安机关及其人民警察应当为其保守秘密。

第一百零六条 辨认经过和结果,应当制作辨认笔录,由办案人民警察和辨认人签名或者捺指印。必要时,应当对辨认过程进行录音、录像。

第七节 证据保全

第一百零七条 对下列物品,经公安机关负责人批准,可以依法扣押或者扣留:

(一)与治安案件、违反出境入境管理的案件有关的需要作为证据的物品;

(二)道路交通安全法律、法规规定适用扣留的车辆、机动车驾驶证;

(三)《中华人民共和国反恐怖主义法》等法律、法规规定适用扣押或者扣留的物品。

对下列物品,不得扣押或者扣留:

(一)与案件无关的物品;

(二)公民个人及其所扶养家属的生活必需品;

(三)被侵害人或者善意第三人合法占有的财产。

对具有本条第二款第二项、第三项情形的,应当予以登记,写明登记财物的名称、规格、数量、特征,并由占有人签名或者捺指印。

必要时，可以进行拍照。但是，与案件有关必须鉴定的，可以依法扣押，结束后应当立即解除。

第一百零八条 办理下列行政案件时，对专门用于从事无证经营活动的场所、设施、物品，经公安机关负责人批准，可以依法查封。但对与违法行为无关的场所、设施，公民个人及其扶养家属的生活必需品不得查封：

（一）擅自经营按照国家规定需要由公安机关许可的行业的；

（二）依照《娱乐场所管理条例》可以由公安机关采取取缔措施的；

（三）《中华人民共和国反恐怖主义法》等法律、法规规定适用查封的其他公安行政案件。

场所、设施、物品已被其他国家机关依法查封的，不得重复查封。

第一百零九条 收集证据时，经公安机关办案部门负责人批准，可以采取抽样取证的方法。

抽样取证应当采取随机的方式，抽取样品的数量以能够认定本品的品质特征为限。

抽样取证时，应当对抽样取证的现场、被抽样物品及被抽取的样品进行拍照或者对抽样过程进行录像。

对抽取的样品应当及时进行检验。经检验，能够作为证据使用的，应当依法扣押、先行登记保存或者登记；不属于证据的，应当及时返还样品。样品有减损的，应当予以补偿。

第一百一十条 在证据可能灭失或者以后难以取得的情况下，经公安机关办案部门负责人批准，可以先行登记保存。

先行登记保存期间，证据持有人及其他人员不得损毁或者转移证据。

对先行登记保存的证据，应当在七日内作出处理决定。逾期不作出处理决定的，视为自动解除。

第一百一十一条　实施扣押、扣留、查封、抽样取证、先行登记保存等证据保全措施时，应当会同当事人查点清楚，制作并当场交付证据保全决定书。必要时，应当对采取证据保全措施的证据进行拍照或者对采取证据保全的过程进行录像。证据保全决定书应当载明下列事项：

（一）当事人的姓名或者名称、地址；

（二）抽样取证、先行登记保存、扣押、扣留、查封的理由、依据和期限；

（三）申请行政复议或者提起行政诉讼的途径和期限；

（四）作出决定的公安机关的名称、印章和日期。

证据保全决定书应当附清单，载明被采取证据保全措施的场所、设施、物品的名称、规格、数量、特征等，由办案人民警察和当事人签名后，一份交当事人，一份附卷。有见证人的，还应当由见证人签名。当事人或者见证人拒绝签名的，办案人民警察应当在证据保全清单上注明。

对可以作为证据使用的录音带、录像带，在扣押时应当予以检查，记明案由、内容以及录取和复制的时间、地点等，并妥为保管。

对扣押的电子数据原始存储介质，应当封存，保证在不解除封存状态的情况下，无法增加、删除、修改电子数据，并在证据保全清单中记录封存状态。

第一百一十二条　扣押、扣留、查封期限为三十日，情况复杂的，经县级以上公安机关负责人批准，可以延长三十日；法律、行政法规另有规定的除外。延长扣押、扣留、查封期限的，应当及时书面告知当事人，并说明理由。

对物品需要进行鉴定的，鉴定期间不计入扣押、扣留、查封期间，但应当将鉴定的期间书面告知当事人。

第一百一十三条 公安机关对恐怖活动嫌疑人的存款、汇款、债券、股票、基金份额等财产采取冻结措施的，应当经县级以上公安机关负责人批准，向金融机构交付冻结通知书。

作出冻结决定的公安机关应当在三日内向恐怖活动嫌疑人交付冻结决定书。冻结决定书应当载明下列事项：

（一）恐怖活动嫌疑人的姓名或者名称、地址；

（二）冻结的理由、依据和期限；

（三）冻结的账号和数额；

（四）申请行政复议或者提起行政诉讼的途径和期限；

（五）公安机关的名称、印章和日期。

第一百一十四条 自被冻结之日起二个月内，公安机关应当作出处理决定或者解除冻结；情况复杂的，经上一级公安机关负责人批准，可以延长一个月。

延长冻结的决定应当及时书面告知恐怖活动嫌疑人，并说明理由。

第一百一十五条 有下列情形之一的，公安机关应当立即退还财物，并由当事人签名确认；不涉及财物退还的，应当书面通知当事人解除证据保全：

（一）当事人没有违法行为的；

（二）被采取证据保全的场所、设施、物品、财产与违法行为无关的；

（三）已经作出处理决定，不再需要采取证据保全措施的；

（四）采取证据保全措施的期限已经届满的；

（五）其他不再需要采取证据保全措施的。

作出解除冻结决定的，应当及时通知金融机构。

第一百一十六条　行政案件变更管辖时，与案件有关的财物及其孳息应当随案移交，并书面告知当事人。移交时，由接收人、移交人当面查点清楚，并在交接单据上共同签名。

第八节　办案协作

第一百一十七条　办理行政案件需要异地公安机关协作的，应当制作办案协作函件。负责协作的公安机关接到请求协作的函件后，应当办理。

第一百一十八条　需要到异地执行传唤的，办案人民警察应当持传唤证、办案协作函件和人民警察证，与协作地公安机关联系，在协作地公安机关的协作下进行传唤。协作地公安机关应当协助将违法嫌疑人传唤到其所在市、县内的指定地点或者到其住处、单位进行询问。

第一百一十九条　需要异地办理检查、查询，查封、扣押或者冻结与案件有关的财物、文件的，应当持相关的法律文书、办案协作函件和人民警察证，与协作地公安机关联系，协作地公安机关应当协助执行。

在紧急情况下，可以将办案协作函件和相关的法律文书传真或者通过执法办案信息系统发送至协作地公安机关，协作地公安机关应当及时采取措施。办案地公安机关应当立即派员前往协作地办理。

第一百二十条　需要进行远程视频询问、处罚前告知的，应当由协作地公安机关事先核实被询问、告知人的身份。办案地公安机关应当制作询问、告知笔录并传输至协作地公安机关。询问、告知笔录经被询问、告知人确认并逐页签名或者捺指印后，由协作地公安机关协作人员签名或者盖章，并将原件或者电子签名笔录提供给办案地公安机关。办案地公安机关负责询问、告知的人民警察应当在首页注明收到日期，并签名或者盖章。询问、告知过程应当全程录音录像。

第一百二十一条　办案地公安机关可以委托异地公安机关代为询问、向有关单位和个人调取电子数据、接收自行书写材料、进行辨认、履行处罚前告知程序、送达法律文书等工作。

委托代为询问、辨认、处罚前告知的，办案地公安机关应当列出明确具体的询问、辨认、告知提纲，提供被辨认对象的照片和陪衬照片。

委托代为向有关单位和个人调取电子数据的，办案地公安机关应当将办案协作函件和相关法律文书传真或者通过执法办案信息系统发送至协作地公安机关，由协作地公安机关办案部门审核确认后办理。

第一百二十二条　协作地公安机关依照办案地公安机关的要求，依法履行办案协作职责所产生的法律责任，由办案地公安机关承担。

第八章　听证程序

第一节　一般规定

第一百二十三条　在作出下列行政处罚决定之前，应当告知违法嫌疑人有要求举行听证的权利：

（一）责令停产停业；

（二）吊销许可证或者执照；

（三）较大数额罚款；

（四）法律、法规和规章规定违法嫌疑人可以要求举行听证的其他情形。

前款第三项所称"较大数额罚款"，是指对个人处以二千元以上罚款，对单位处以一万元以上罚款，对违反边防出境入境管理法律、法规和规章的个人处以六千元以上罚款。对依据地方性法规或

187

者地方政府规章作出的罚款处罚，适用听证的罚款数额按照地方规定执行。

第一百二十四条　听证由公安机关法制部门组织实施。

依法具有独立执法主体资格的公安机关业务部门以及出入境边防检查站依法作出行政处罚决定的，由其非本案调查人员组织听证。

第一百二十五条　公安机关不得因违法嫌疑人提出听证要求而加重处罚。

第一百二十六条　听证人员应当就行政案件的事实、证据、程序、适用法律等方面全面听取当事人陈述和申辩。

第二节　听证人员和听证参加人

第一百二十七条　听证设听证主持人一名，负责组织听证；记录员一名，负责制作听证笔录。必要时，可以设听证员一至二名，协助听证主持人进行听证。

本案调查人员不得担任听证主持人、听证员或者记录员。

第一百二十八条　听证主持人决定或者开展下列事项：

（一）举行听证的时间、地点；

（二）听证是否公开举行；

（三）要求听证参加人到场参加听证，提供或者补充证据；

（四）听证的延期、中止或者终止；

（五）主持听证，就案件的事实、理由、证据、程序、适用法律等组织质证和辩论；

（六）维持听证秩序，对违反听证纪律的行为予以制止；

（七）听证员、记录员的回避；

（八）其他有关事项。

第一百二十九条　听证参加人包括：

（一）当事人及其代理人；

（二）本案办案人民警察；

（三）证人、鉴定人、翻译人员；

（四）其他有关人员。

第一百三十条 当事人在听证活动中享有下列权利：

（一）申请回避；

（二）委托一至二人代理参加听证；

（三）进行陈述、申辩和质证；

（四）核对、补正听证笔录；

（五）依法享有的其他权利。

第一百三十一条 与听证案件处理结果有直接利害关系的其他公民、法人或者其他组织，作为第三人申请参加听证的，应当允许。为查明案情，必要时，听证主持人也可以通知其参加听证。

第三节 听证的告知、申请和受理

第一百三十二条 对适用听证程序的行政案件，办案部门在提出处罚意见后，应当告知违法嫌疑人拟作出的行政处罚和有要求举行听证的权利。

第一百三十三条 违法嫌疑人要求听证的，应当在公安机关告知后三日内提出申请。

第一百三十四条 违法嫌疑人放弃听证或者撤回听证要求后，处罚决定作出前，又提出听证要求的，只要在听证申请有效期限内，应当允许。

第一百三十五条 公安机关收到听证申请后，应当在二日内决定是否受理。认为听证申请人的要求不符合听证条件，决定不予受理的，应当制作不予受理听证通知书，告知听证申请人。逾期不通知听证申请人的，视为受理。

第一百三十六条 公安机关受理听证后，应当在举行听证的七日前将举行听证通知书送达听证申请人，并将举行听证的时间、地点通知其他听证参加人。

第四节 听证的举行

第一百三十七条 听证应当在公安机关收到听证申请之日起十日内举行。

除涉及国家秘密、商业秘密、个人隐私的行政案件外，听证应当公开举行。

第一百三十八条 听证申请人不能按期参加听证的，可以申请延期，是否准许，由听证主持人决定。

第一百三十九条 二个以上违法嫌疑人分别对同一行政案件提出听证要求的，可以合并举行。

第一百四十条 同一行政案件中有二个以上违法嫌疑人，其中部分违法嫌疑人提出听证申请的，应当在听证举行后一并作出处理决定。

第一百四十一条 听证开始时，听证主持人核对听证参加人；宣布案由；宣布听证员、记录员和翻译人员名单；告知当事人在听证中的权利和义务；询问当事人是否提出回避申请；对不公开听证的行政案件，宣布不公开听证的理由。

第一百四十二条 听证开始后，首先由办案人民警察提出听证申请人违法的事实、证据和法律依据及行政处罚意见。

第一百四十三条 办案人民警察提出证据时，应当向听证会出示。对证人证言、鉴定意见、勘验笔录和其他作为证据的文书，应当当场宣读。

第一百四十四条　听证申请人可以就办案人民警察提出的违法事实、证据和法律依据以及行政处罚意见进行陈述、申辩和质证，并可以提出新的证据。

第三人可以陈述事实，提出新的证据。

第一百四十五条　听证过程中，当事人及其代理人有权申请通知新的证人到会作证，调取新的证据。对上述申请，听证主持人应当当场作出是否同意的决定；申请重新鉴定的，按照本规定第七章第五节有关规定办理。

第一百四十六条　听证申请人、第三人和办案人民警察可以围绕案件的事实、证据、程序、适用法律、处罚种类和幅度等问题进行辩论。

第一百四十七条　辩论结束后，听证主持人应当听取听证申请人、第三人、办案人民警察各方最后陈述意见。

第一百四十八条　听证过程中，遇有下列情形之一，听证主持人可以中止听证：

（一）需要通知新的证人到会、调取新的证据或者需要重新鉴定或者勘验的；

（二）因回避致使听证不能继续进行的；

（三）其他需要中止听证的。

中止听证的情形消除后，听证主持人应当及时恢复听证。

第一百四十九条　听证过程中，遇有下列情形之一，应当终止听证：

（一）听证申请人撤回听证申请的；

（二）听证申请人及其代理人无正当理由拒不出席或者未经听证主持人许可中途退出听证的；

（三）听证申请人死亡或者作为听证申请人的法人或者其他组织

被撤销、解散的；

（四）听证过程中，听证申请人或者其代理人扰乱听证秩序，不听劝阻，致使听证无法正常进行的；

（五）其他需要终止听证的。

第一百五十条 听证参加人和旁听人员应当遵守听证会场纪律。对违反听证会场纪律的，听证主持人应当警告制止；对不听制止，干扰听证正常进行的旁听人员，责令其退场。

第一百五十一条 记录员应当将举行听证的情况记入听证笔录。听证笔录应当载明下列内容：

（一）案由；

（二）听证的时间、地点和方式；

（三）听证人员和听证参加人的身份情况；

（四）办案人民警察陈述的事实、证据和法律依据以及行政处罚意见；

（五）听证申请人或者其代理人的陈述和申辩；

（六）第三人陈述的事实和理由；

（七）办案人民警察、听证申请人或者其代理人、第三人质证、辩论的内容；

（八）证人陈述的事实；

（九）听证申请人、第三人、办案人民警察的最后陈述意见；

（十）其他事项。

第一百五十二条 听证笔录应当交听证申请人阅读或者向其宣读。听证笔录中的证人陈述部分，应当交证人阅读或者向其宣读。听证申请人或者证人认为听证笔录有误的，可以请求补充或者改正。听证申请人或者证人审核无误后签名或者捺指印。听证申请人或者证人拒绝的，由记录员在听证笔录中记明情况。

听证笔录经听证主持人审阅后，由听证主持人、听证员和记录员签名。

第一百五十三条 听证结束后，听证主持人应当写出听证报告书，连同听证笔录一并报送公安机关负责人。

听证报告书应当包括下列内容：
（一）案由；
（二）听证人员和听证参加人的基本情况；
（三）听证的时间、地点和方式；
（四）听证会的基本情况；
（五）案件事实；
（六）处理意见和建议。

第九章　行政处理决定

第一节　行政处罚的适用

第一百五十四条 违反治安管理行为在六个月内没有被公安机关发现，其他违法行为在二年内没有被公安机关发现的，不再给予行政处罚。

前款规定的期限，从违法行为发生之日起计算，违法行为有连续、继续或者持续状态的，从行为终了之日起计算。

被侵害人在违法行为追究时效内向公安机关控告，公安机关应当受理而不受理的，不受本条第一款追究时效的限制。

第一百五十五条 实施行政处罚时，应当责令违法行为人当场或者限期改正违法行为。

第一百五十六条 对违法行为人的同一个违法行为，不得给予两次以上罚款的行政处罚。

第一百五十七条　不满十四周岁的人有违法行为的，不予行政处罚，但是应当责令其监护人严加管教，并在不予行政处罚决定书中载明。已满十四周岁不满十八周岁的人有违法行为的，从轻或者减轻行政处罚。

第一百五十八条　精神病人在不能辨认或者不能控制自己行为时有违法行为的，不予行政处罚，但应当责令其监护人严加看管和治疗，并在不予行政处罚决定书中载明。间歇性精神病人在精神正常时有违法行为的，应当给予行政处罚。尚未完全丧失辨认或者控制自己行为能力的精神病人有违法行为的，应当予以行政处罚，但可以从轻或者减轻行政处罚。

第一百五十九条　违法行为人有下列情形之一的，应当从轻、减轻处罚或者不予行政处罚：

（一）主动消除或者减轻违法行为危害后果，并取得被侵害人谅解的；

（二）受他人胁迫或者诱骗的；

（三）有立功表现的；

（四）主动投案，向公安机关如实陈述自己的违法行为的；

（五）其他依法应当从轻、减轻或者不予行政处罚的。

违法行为轻微并及时纠正，没有造成危害后果的，不予行政处罚。

盲人或者又聋又哑的人违反治安管理的，可以从轻、减轻或者不予行政处罚；醉酒的人违反治安管理的，应当给予处罚。

第一百六十条　违法行为人有下列情形之一的，应当从重处罚：

（一）有较严重后果的；

（二）教唆、胁迫、诱骗他人实施违法行为的；

（三）对报案人、控告人、举报人、证人等打击报复的；

（四）六个月内曾受过治安管理处罚或者一年内因同类违法行为

受到两次以上公安行政处罚的；

（五）刑罚执行完毕三年内，或者在缓刑期间，违反治安管理的。

第一百六十一条　一人有两种以上违法行为的，分别决定，合并执行，可以制作一份决定书，分别写明对每种违法行为的处理内容和合并执行的内容。

一个案件有多个违法行为人的，分别决定，可以制作一式多份决定书，写明给予每个人的处理决定，分别送达每一个违法行为人。

第一百六十二条　行政拘留处罚合并执行的，最长不超过二十日。

行政拘留处罚执行完毕前，发现违法行为人有其他违法行为，公安机关依法作出行政拘留决定的，与正在执行的行政拘留合并执行。

第一百六十三条　对决定给予行政拘留处罚的人，在处罚前因同一行为已经被采取强制措施限制人身自由的时间应当折抵。限制人身自由一日，折抵执行行政拘留一日。询问查证、继续盘问和采取约束措施的时间不予折抵。

被采取强制措施限制人身自由的时间超过决定的行政拘留期限的，行政拘留决定不再执行。

第一百六十四条　违法行为人具有下列情形之一，依法应当给予行政拘留处罚的，应当作出处罚决定，但不送拘留所执行：

（一）已满十四周岁不满十六周岁的；

（二）已满十六周岁不满十八周岁，初次违反治安管理或者其他公安行政管理的。但是，曾被收容教养、被行政拘留依法不执行行政拘留或者曾因实施扰乱公共秩序，妨害公共安全，侵犯人身权利、财产权利，妨害社会管理的行为被人民法院判决有罪的除外；

（三）七十周岁以上的；

（四）孕妇或者正在哺乳自己婴儿的妇女。

第二节　行政处理的决定

第一百六十五条　公安机关办理治安案件的期限，自受理之日起不得超过三十日；案情重大、复杂的，经上一级公安机关批准，可以延长三十日。办理其他行政案件，有法定办案期限的，按照相关法律规定办理。

为了查明案情进行鉴定的期间，不计入办案期限。

对因违反治安管理行为人不明或者逃跑等客观原因造成案件在法定期限内无法作出行政处理决定的，公安机关应当继续进行调查取证，并向被侵害人说明情况，及时依法作出处理决定。

第一百六十六条　违法嫌疑人不讲真实姓名、住址，身份不明，但只要违法事实清楚、证据确实充分的，可以按其自报的姓名并贴附照片作出处理决定，并在相关法律文书中注明。

第一百六十七条　在作出行政处罚决定前，应当告知违法嫌疑人拟作出行政处罚决定的事实、理由及依据，并告知违法嫌疑人依法享有陈述权和申辩权。单位违法的，应当告知其法定代表人、主要负责人或者其授权的人员。

适用一般程序作出行政处罚决定的，采用书面形式或者笔录形式告知。

依照本规定第一百七十二条第一款第三项作出不予行政处罚决定的，可以不履行本条第一款规定的告知程序。

第一百六十八条　对违法行为事实清楚，证据确实充分，依法应当予以行政处罚，因违法行为人逃跑等原因无法履行告知义务的，公安机关可以采取公告方式予以告知。自公告之日起七日内，违法嫌疑人未提出申辩的，可以依法作出行政处罚决定。

第一百六十九条　违法嫌疑人有权进行陈述和申辩。对违法嫌疑人提出的新的事实、理由和证据，公安机关应当进行复核。

公安机关不得因违法嫌疑人申辩而加重处罚。

第一百七十条 对行政案件进行审核、审批时，应当审查下列内容：

（一）违法嫌疑人的基本情况；

（二）案件事实是否清楚，证据是否确实充分；

（三）案件定性是否准确；

（四）适用法律、法规和规章是否正确；

（五）办案程序是否合法；

（六）拟作出的处理决定是否适当。

第一百七十一条 法制员或者办案部门指定的人员、办案部门负责人、法制部门的人员可以作为行政案件审核人员。

初次从事行政处罚决定审核的人员，应当通过国家统一法律职业资格考试取得法律职业资格。

第一百七十二条 公安机关根据行政案件的不同情况分别作出下列处理决定：

（一）确有违法行为，应当给予行政处罚的，根据其情节和危害后果的轻重，作出行政处罚决定；

（二）确有违法行为，但有依法不予行政处罚情形的，作出不予行政处罚决定；有违法所得和非法财物、违禁品、管制器具的，应当予以追缴或者收缴；

（三）违法事实不能成立的，作出不予行政处罚决定；

（四）对需要给予社区戒毒、强制隔离戒毒、收容教养等处理的，依法作出决定；

（五）违法行为涉嫌构成犯罪的，转为刑事案件办理或者移送有权处理的主管机关、部门办理，无需撤销行政案件。公安机关已经作

出行政处理决定的,应当附卷;

(六)发现违法行为人有其他违法行为的,在依法作出行政处理决定的同时,通知有关行政主管部门处理。

对已经依照前款第三项作出不予行政处罚决定的案件,又发现新的证据的,应当依法及时调查;违法行为能够认定的,依法重新作出处理决定,并撤销原不予行政处罚决定。

治安案件有被侵害人的,公安机关应当在作出不予行政处罚或者处罚决定之日起二日内将决定书复印件送达被侵害人。无法送达的,应当注明。

第一百七十三条　行政拘留处罚由县级以上公安机关或者出入境边防检查机关决定。依法应当对违法行为人予以行政拘留的,公安派出所、依法具有独立执法主体资格的公安机关业务部门应当报其所属的县级以上公安机关决定。

第一百七十四条　对县级以上的各级人民代表大会代表予以行政拘留的,作出处罚决定前应当经该级人民代表大会主席团或者人民代表大会常务委员会许可。

对乡、民族乡、镇的人民代表大会代表予以行政拘留的,作出决定的公安机关应当立即报告乡、民族乡、镇的人民代表大会。

第一百七十五条　作出行政处罚决定的,应当制作行政处罚决定书。决定书应当载明下列内容:

(一)被处罚人的姓名、性别、出生日期、身份证件种类及号码、户籍所在地、现住址、工作单位、违法经历以及被处罚单位的名称、地址和法定代表人;

(二)违法事实和证据以及从重、从轻、减轻等情节;

(三)处罚的种类、幅度和法律依据;

(四)处罚的执行方式和期限;

（五）对涉案财物的处理结果及对被处罚人的其他处理情况；

（六）对处罚决定不服，申请行政复议、提起行政诉讼的途径和期限；

（七）作出决定的公安机关的名称、印章和日期。

作出罚款处罚的，行政处罚决定书应当载明逾期不缴纳罚款依法加处罚款的标准和最高限额；对涉案财物作出处理的，行政处罚决定书应当附没收、收缴、追缴物品清单。

第一百七十六条　作出行政拘留处罚决定的，应当及时将处罚情况和执行场所或者依法不执行的情况通知被处罚人家属。

作出社区戒毒决定的，应当通知被决定人户籍所在地或者现居住地的城市街道办事处、乡镇人民政府。作出强制隔离戒毒、收容教养决定的，应当在法定期限内通知被决定人的家属、所在单位、户籍所在地公安派出所。

被处理人拒不提供家属联系方式或者不讲真实姓名、住址，身份不明的，可以不予通知，但应当在附卷的决定书中注明。

第一百七十七条　公安机关办理的刑事案件，尚不够刑事处罚，依法应当给予公安行政处理的，经县级以上公安机关负责人批准，依照本章规定作出处理决定。

第十章　治安调解

第一百七十八条　对于因民间纠纷引起的殴打他人、故意伤害、侮辱、诽谤、诬告陷害、故意损毁财物、干扰他人正常生活、侵犯隐私、非法侵入住宅等违反治安管理行为，情节较轻，且具有下列情形之一的，可以调解处理：

（一）亲友、邻里、同事、在校学生之间因琐事发生纠纷引起的；

（二）行为人的侵害行为系由被侵害人事前的过错行为引起的；

（三）其他适用调解处理更易化解矛盾的。

对不构成违反治安管理行为的民间纠纷，应当告知当事人向人民法院或者人民调解组织申请处理。

对情节轻微、事实清楚、因果关系明确，不涉及医疗费用、物品损失或者双方当事人对医疗费用和物品损失的赔付无争议，符合治安调解条件，双方当事人同意当场调解并当场履行的治安案件，可以当场调解，并制作调解协议书。当事人基本情况、主要违法事实和协议内容在现场录音录像中明确记录的，不再制作调解协议书。

第一百七十九条　具有下列情形之一的，不适用调解处理：

（一）雇凶伤害他人的；

（二）结伙斗殴或者其他寻衅滋事的；

（三）多次实施违反治安管理行为的；

（四）当事人明确表示不愿意调解处理的；

（五）当事人在治安调解过程中又针对对方实施违反治安管理行为的；

（六）调解过程中，违法嫌疑人逃跑的；

（七）其他不宜调解处理的。

第一百八十条　调解处理案件，应当查明事实，收集证据，并遵循合法、公正、自愿、及时的原则，注重教育和疏导，化解矛盾。

第一百八十一条　当事人中有未成年人的，调解时应当通知其父母或者其他监护人到场。但是，当事人为年满十六周岁以上的未成年人，以自己的劳动收入为主要生活来源，本人同意不通知的，可以不通知。

被侵害人委托其他人参加调解的，应当向公安机关提交委托书，并写明委托权限。违法嫌疑人不得委托他人参加调解。

第一百八十二条　对因邻里纠纷引起的治安案件进行调解时，可以邀请当事人居住地的居（村）民委员会的人员或者双方当事人熟悉的人员参加帮助调解。

第一百八十三条 调解一般为一次。对一次调解不成，公安机关认为有必要或者当事人申请的，可以再次调解，并应当在第一次调解后的七个工作日内完成。

第一百八十四条 调解达成协议的，在公安机关主持下制作调解协议书，双方当事人应当在调解协议书上签名，并履行调解协议。

调解协议书应当包括调解机关名称、主持人、双方当事人和其他在场人员的基本情况，案件发生时间、地点、人员、起因、经过、情节、结果等情况、协议内容、履行期限和方式等内容。

对调解达成协议的，应当保存案件证据材料，与其他文书材料和调解协议书一并归入案卷。

第一百八十五条 调解达成协议并履行的，公安机关不再处罚。对调解未达成协议或者达成协议后不履行的，应当对违反治安管理行为人依法予以处罚；对违法行为造成的损害赔偿纠纷，公安机关可以进行调解，调解不成的，应当告知当事人向人民法院提起民事诉讼。

调解案件的办案期限从调解未达成协议或者调解达成协议不履行之日起开始计算。

第一百八十六条 对符合本规定第一百七十八条规定的治安案件，当事人申请人民调解或者自行和解，达成协议并履行后，双方当事人书面申请并经公安机关认可的，公安机关不予治安管理处罚，但公安机关已依法作出处理决定的除外。

第十一章 涉案财物的管理和处理

第一百八十七条 对于依法扣押、扣留、查封、抽样取证、追缴、收缴的财物以及由公安机关负责保管的先行登记保存的财物，公安机关应当妥善保管，不得使用、挪用、调换或者损毁。造成损失的，应当承担赔偿责任。

涉案财物的保管费用由作出决定的公安机关承担。

第一百八十八条　县级以上公安机关应当指定一个内设部门作为涉案财物管理部门，负责对涉案财物实行统一管理，并设立或者指定专门保管场所，对涉案财物进行集中保管。涉案财物集中保管的范围，由地方公安机关根据本地区实际情况确定。

对价值较低、易于保管，或者需要作为证据继续使用，以及需要先行返还被侵害人的涉案财物，可以由办案部门设置专门的场所进行保管。办案部门应当指定不承担办案工作的民警负责本部门涉案财物的接收、保管、移交等管理工作；严禁由办案人员自行保管涉案财物。

对查封的场所、设施、财物，可以委托第三人保管，第三人不得损毁或者擅自转移、处置。因第三人的原因造成的损失，公安机关先行赔付后，有权向第三人追偿。

第一百八十九条　公安机关涉案财物管理部门和办案部门应当建立电子台账，对涉案财物逐一编号登记，载明案由、来源、保管状态、场所和去向。

第一百九十条　办案人民警察应当在依法提取涉案财物后的二十四小时内将财物移交涉案财物管理人员，并办理移交手续。对查封、冻结、先行登记保存的涉案财物，应当在采取措施后的二十四小时内，将法律文书复印件及涉案财物的情况送交涉案财物管理人员予以登记。

在异地或者在偏远、交通不便地区提取涉案财物的，办案人民警察应当在返回单位后的二十四小时内移交。

对情况紧急，需要在提取涉案财物后的二十四小时内进行鉴定、辨认、检验、检查等工作的，经办案部门负责人批准，可以在完成上述工作后的二十四小时内移交。

在提取涉案财物后的二十四小时内已将涉案财物处理完毕的，不再移交，但应当将处理涉案财物的相关手续附卷保存。

因询问、鉴定、辨认、检验、检查等办案需要，经办案部门负责人批准，办案人民警察可以调用涉案财物，并及时归还。

第一百九十一条　对容易腐烂变质及其他不易保管的物品、危险物品，经公安机关负责人批准，在拍照或者录像后依法变卖或者拍卖，变卖或者拍卖的价款暂予保存，待结案后按有关规定处理。

对易燃、易爆、毒害性、放射性等危险物品应当存放在符合危险物品存放条件的专门场所。

对属于被侵害人或者善意第三人合法占有的财物，应当在登记、拍照或者录像、估价后及时返还，并在案卷中注明返还的理由，将原物照片、清单和领取手续存卷备查。

对不宜入卷的物证，应当拍照入卷，原物在结案后按照有关规定处理。

第一百九十二条　有关违法行为查证属实后，对有证据证明权属明确且无争议的被侵害人合法财物及其孳息，凡返还不损害其他被侵害人或者利害关系人的利益，不影响案件正常办理的，应当在登记、拍照或者录像和估价后，及时发还被侵害人。办案人民警察应当在案卷材料中注明返还的理由，并将原物照片、清单和被侵害人的领取手续附卷。

第一百九十三条　在作出行政处理决定时，应当对涉案财物一并作出处理。

第一百九十四条　对在办理行政案件中查获的下列物品应当依法收缴：

（一）毒品、淫秽物品等违禁品；

（二）赌具和赌资；

（三）吸食、注射毒品的用具；

（四）伪造、变造的公文、证件、证明文件、票证、印章等；

（五）倒卖的车船票、文艺演出票、体育比赛入场券等有价票证；

（六）主要用于实施违法行为的本人所有的工具以及直接用于实施毒品违法行为的资金；

（七）法律、法规规定可以收缴的其他非法财物。

前款第六项所列的工具，除非有证据表明属于他人合法所有，可以直接认定为违法行为人本人所有。对明显无价值的，可以不作出收缴决定，但应当在证据保全文书中注明处理情况。

违法所得应当依法予以追缴或者没收。

多名违法行为人共同实施违法行为，违法所得或者非法财物无法分清所有人的，作为共同违法所得或者非法财物予以处理。

第一百九十五条 收缴由县级以上公安机关决定。但是，违禁品，管制器具，吸食、注射毒品的用具以及非法财物价值在五百元以下且当事人对财物价值无异议的，公安派出所可以收缴。

追缴由县级以上公安机关决定。但是，追缴的财物应当退还被侵害人的，公安派出所可以追缴。

第一百九十六条 对收缴和追缴的财物，经原决定机关负责人批准，按照下列规定分别处理：

（一）属于被侵害人或者善意第三人的合法财物，应当及时返还；

（二）没有被侵害人的，登记造册，按照规定上缴国库或者依法变卖、拍卖后，将所得款项上缴国库；

（三）违禁品、没有价值的物品，或者价值轻微，无法变卖、拍卖的物品，统一登记造册后销毁；

（四）对无法变卖或者拍卖的危险物品，由县级以上公安机关主管部门组织销毁或者交有关厂家回收。

第一百九十七条 对应当退还原主或者当事人的财物，通知原主或者当事人在六个月内来领取；原主不明确的，应当采取公告方式告知原主认领。在通知原主、当事人或者公告后六个月内，无人认领的，按无主财物处理，登记后上缴国库，或者依法变卖或者拍卖后，将所得款项上缴国库。遇有特殊情况的，可酌情延期处理，延长期限最长不超过三个月。

第十二章 执 行

第一节 一般规定

第一百九十八条 公安机关依法作出行政处理决定后，被处理人应当在行政处理决定的期限内予以履行。逾期不履行的，作出行政处理决定的公安机关可以依法强制执行或者申请人民法院强制执行。

第一百九十九条 被处理人对行政处理决定不服申请行政复议或者提起行政诉讼的，行政处理决定不停止执行，但法律另有规定的除外。

第二百条 公安机关在依法作出强制执行决定或者申请人民法院强制执行前，应当事先催告被处理人履行行政处理决定。催告以书面形式作出，并直接送达被处理人。被处理人拒绝接受或者无法直接送达被处理人的，依照本规定第五章的有关规定送达。

催告书应当载明下列事项：

（一）履行行政处理决定的期限和方式；

（二）涉及金钱给付的，应当有明确的金额和给付方式；

（三）被处理人依法享有的陈述权和申辩权。

第二百零一条　被处理人收到催告书后有权进行陈述和申辩。公安机关应当充分听取并记录、复核。被处理人提出的事实、理由或者证据成立的，公安机关应当采纳。

第二百零二条　经催告，被处理人无正当理由逾期仍不履行行政处理决定，法律规定由公安机关强制执行的，公安机关可以依法作出强制执行决定。

在催告期间，对有证据证明有转移或者隐匿财物迹象的，公安机关可以作出立即强制执行决定。

强制执行决定应当以书面形式作出，并载明下列事项：

（一）被处理人的姓名或者名称、地址；

（二）强制执行的理由和依据；

（三）强制执行的方式和时间；

（四）申请行政复议或者提起行政诉讼的途径和期限；

（五）作出决定的公安机关名称、印章和日期。

第二百零三条　依法作出要求被处理人履行排除妨碍、恢复原状等义务的行政处理决定，被处理人逾期不履行，经催告仍不履行，其后果已经或者将危害交通安全的，公安机关可以代履行，或者委托没有利害关系的第三人代履行。

代履行应当遵守下列规定：

（一）代履行前送达决定书，代履行决定书应当载明当事人的姓名或者名称、地址，代履行的理由和依据、方式和时间、标的、费用预算及代履行人；

（二）代履行三日前，催告当事人履行，当事人履行的，停止代履行；

（三）代履行时，作出决定的公安机关应当派员到场监督；

（四）代履行完毕，公安机关到场监督人员、代履行人和当事人或者见证人应当在执行文书上签名或者盖章。

代履行的费用由当事人承担。但是，法律另有规定的除外。

第二百零四条　需要立即清理道路的障碍物，当事人不能清除的，或者有其他紧急情况需要立即履行的，公安机关可以决定立即实施代履行。当事人不在场的，公安机关应当在事后立即通知当事人，并依法作出处理。

第二百零五条　实施行政强制执行，公安机关可以在不损害公共利益和他人合法权益的情况下，与当事人达成执行协议。执行协议可以约定分阶段履行；当事人采取补救措施的，可以减免加处的罚款。

执行协议应当履行。被处罚人不履行执行协议的，公安机关应当恢复强制执行。

第二百零六条　当事人在法定期限内不申请行政复议或者提起行政诉讼，又不履行行政处理决定的，法律没有规定公安机关强制执行的，作出行政处理决定的公安机关可以自期限届满之日起三个月内，向所在地有管辖权的人民法院申请强制执行。因情况紧急，为保障公共安全，公安机关可以申请人民法院立即执行。

强制执行的费用由被执行人承担。

第二百零七条　申请人民法院强制执行前，公安机关应当催告被处理人履行义务，催告书送达十日后被处理人仍未履行义务的，公安机关可以向人民法院申请强制执行。

第二百零八条　公安机关向人民法院申请强制执行，应当提供下列材料：

（一）强制执行申请书；

（二）行政处理决定书及作出决定的事实、理由和依据；

（三）当事人的意见及公安机关催告情况；

（四）申请强制执行标的情况；

（五）法律、法规规定的其他材料。

强制执行申请书应当由作出处理决定的公安机关负责人签名，加盖公安机关印章，并注明日期。

第二百零九条 公安机关对人民法院不予受理强制执行申请、不予强制执行的裁定有异议的，可以在十五日内向上一级人民法院申请复议。

第二百一十条 具有下列情形之一的，中止强制执行：

（一）当事人暂无履行能力的；

（二）第三人对执行标的主张权利，确有理由的；

（三）执行可能对他人或者公共利益造成难以弥补的重大损失的；

（四）其他需要中止执行的。

中止执行的情形消失后，公安机关应当恢复执行。对没有明显社会危害，当事人确无能力履行，中止执行满三年未恢复执行的，不再执行。

第二百一十一条 具有下列情形之一的，终结强制执行：

（一）公民死亡，无遗产可供执行，又无义务承受人的；

（二）法人或者其他组织终止，无财产可供执行，又无义务承受人的；

（三）执行标的灭失的；

（四）据以执行的行政处理决定被撤销的；

（五）其他需要终结执行的。

第二百一十二条 在执行中或者执行完毕后，据以执行的行政处理决定被撤销、变更，或者执行错误，应当恢复原状或者退还财物；不能恢复原状或者退还财物的，依法给予赔偿。

第二百一十三条 除依法应当销毁的物品外,公安机关依法没收或者收缴、追缴的违法所得和非法财物,必须按照国家有关规定处理或者上缴国库。

罚款、没收或者收缴的违法所得和非法财物拍卖或者变卖的款项和没收的保证金,必须全部上缴国库,不得以任何形式截留、私分或者变相私分。

第二节 罚款的执行

第二百一十四条 公安机关作出罚款决定,被处罚人应当自收到行政处罚决定书之日起十五日内,到指定的银行缴纳罚款。具有下列情形之一的,公安机关及其办案人民警察可以当场收缴罚款,法律另有规定的,从其规定:

(一)对违反治安管理行为人处五十元以下罚款和对违反交通管理的行人、乘车人和非机动车驾驶人处罚款,被处罚人没有异议的;

(二)对违反治安管理、交通管理以外的违法行为人当场处二十元以下罚款的;

(三)在边远、水上、交通不便地区、旅客列车上或者口岸,被处罚人向指定银行缴纳罚款确有困难,经被处罚人提出的;

(四)被处罚人在当地没有固定住所,不当场收缴事后难以执行的。

对具有前款第一项和第三项情形之一的,办案人民警察应当要求被处罚人签名确认。

第二百一十五条 公安机关及其人民警察当场收缴罚款的,应当出具省级或者国家财政部门统一制发的罚款收据。对不出具省级或者国家财政部门统一制发的罚款收据的,被处罚人有权拒绝缴纳罚款。

第二百一十六条 人民警察应当自收缴罚款之日起二日内,将当场收缴的罚款交至其所属公安机关；在水上当场收缴的罚款，应当自抵岸之日起二日内将当场收缴的罚款交至其所属公安机关；在旅客列车上当场收缴的罚款，应当自返回之日起二日内将当场收缴的罚款交至其所属公安机关。

公安机关应当自收到罚款之日起二日内将罚款缴付指定的银行。

第二百一十七条 被处罚人确有经济困难，经被处罚人申请和作出处罚决定的公安机关批准，可以暂缓或者分期缴纳罚款。

第二百一十八条 被处罚人未在本规定第二百一十四条规定的期限内缴纳罚款的，作出行政处罚决定的公安机关可以采取下列措施：

（一）将依法查封、扣押的被处罚人的财物拍卖或者变卖抵缴罚款。拍卖或者变卖的价款超过罚款数额的，余额部分应当及时退还被处罚人；

（二）不能采取第一项措施的，每日按罚款数额的百分之三加处罚款，加处罚款总额不得超出罚款数额。

拍卖财物，由公安机关委托拍卖机构依法办理。

第二百一十九条 依法加处罚款超过三十日，经催告被处罚人仍不履行的，作出行政处罚决定的公安机关可以按照本规定第二百零六条的规定向所在地有管辖权的人民法院申请强制执行。

第三节 行政拘留的执行

第二百二十条 对被决定行政拘留的人，由作出决定的公安机关送达拘留所执行。对抗拒执行的，可以使用约束性警械。

对被决定行政拘留的人，在异地被抓获或者具有其他有必要在异地拘留所执行情形的，经异地拘留所主管公安机关批准，可以在异地执行。

第二百二十一条 对同时被决定行政拘留和社区戒毒或者强制隔

离戒毒的人员，应当先执行行政拘留，由拘留所给予必要的戒毒治疗，强制隔离戒毒期限连续计算。

拘留所不具备戒毒治疗条件的，行政拘留决定机关可以直接将被行政拘留人送公安机关管理的强制隔离戒毒所代为执行行政拘留，强制隔离戒毒期限连续计算。

第二百二十二条　被处罚人不服行政拘留处罚决定，申请行政复议或者提起行政诉讼的，可以向作出行政拘留决定的公安机关提出暂缓执行行政拘留的申请；口头提出申请的，公安机关人民警察应当予以记录，并由申请人签名或者捺指印。

被处罚人在行政拘留执行期间，提出暂缓执行行政拘留申请的，拘留所应当立即将申请转交作出行政拘留决定的公安机关。

第二百二十三条　公安机关应当在收到被处罚人提出暂缓执行行政拘留申请之时起二十四小时内作出决定。

公安机关认为暂缓执行行政拘留不致发生社会危险，且被处罚人或者其近亲属提出符合条件的担保人，或者按每日行政拘留二百元的标准交纳保证金的，应当作出暂缓执行行政拘留的决定。

对同一被处罚人，不得同时责令其提出保证人和交纳保证金。

被处罚人已送达拘留所执行的，公安机关应当立即将暂缓执行行政拘留决定送达拘留所，拘留所应当立即释放被处罚人。

第二百二十四条　被处罚人具有下列情形之一的，应当作出不暂缓执行行政拘留的决定，并告知申请人：

（一）暂缓执行行政拘留后可能逃跑的；

（二）有其他违法犯罪嫌疑，正在被调查或者侦查的；

（三）不宜暂缓执行行政拘留的其他情形。

第二百二十五条　行政拘留并处罚款的，罚款不因暂缓执行行政拘留而暂缓执行。

第二百二十六条　在暂缓执行行政拘留期间，被处罚人应当遵守下列规定：

　　（一）未经决定机关批准不得离开所居住的市、县；

　　（二）住址、工作单位和联系方式发生变动的，在二十四小时以内向决定机关报告；

　　（三）在行政复议和行政诉讼中不得干扰证人作证、伪造证据或者串供；

　　（四）不得逃避、拒绝或者阻碍处罚的执行。

　　在暂缓执行行政拘留期间，公安机关不得妨碍被处罚人依法行使行政复议和行政诉讼权利。

　　第二百二十七条　暂缓执行行政拘留的担保人应当符合下列条件：

　　（一）与本案无牵连；

　　（二）享有政治权利，人身自由未受到限制或者剥夺；

　　（三）在当地有常住户口和固定住所；

　　（四）有能力履行担保义务。

　　第二百二十八条　公安机关经过审查认为暂缓执行行政拘留的担保人符合条件的，由担保人出具保证书，并到公安机关将被担保人领回。

　　第二百二十九条　暂缓执行行政拘留的担保人应当履行下列义务：

　　（一）保证被担保人遵守本规定第二百二十六条的规定；

　　（二）发现被担保人伪造证据、串供或者逃跑的，及时向公安机关报告。

　　暂缓执行行政拘留的担保人不履行担保义务，致使被担保人逃避行政拘留处罚执行的，公安机关可以对担保人处以三千元以下罚款，并对被担保人恢复执行行政拘留。

暂缓执行行政拘留的担保人履行了担保义务，但被担保人仍逃避行政拘留处罚执行的，或者被处罚人逃跑后，担保人积极帮助公安机关抓获被处罚人的，可以从轻或者不予行政处罚。

第二百三十条　暂缓执行行政拘留的担保人在暂缓执行行政拘留期间，不愿继续担保或者丧失担保条件的，行政拘留的决定机关应当责令被处罚人重新提出担保人或者交纳保证金。不提出担保人又不交纳保证金的，行政拘留的决定机关应当将被处罚人送拘留所执行。

第二百三十一条　保证金应当由银行代收。在银行非营业时间，公安机关可以先行收取，并在收到保证金后的三日内存入指定的银行账户。

公安机关应当指定办案部门以外的法制、装备财务等部门负责管理保证金。严禁截留、坐支、挪用或者以其他任何形式侵吞保证金。

第二百三十二条　行政拘留处罚被撤销或者开始执行时，公安机关应当将保证金退还交纳人。

被决定行政拘留的人逃避行政拘留处罚执行的，由决定行政拘留的公安机关作出没收或者部分没收保证金的决定，行政拘留的决定机关应当将被处罚人送拘留所执行。

第二百三十三条　被处罚人对公安机关没收保证金的决定不服的，可以依法申请行政复议或者提起行政诉讼。

第四节　其他处理决定的执行

第二百三十四条　作出吊销公安机关发放的许可证或者执照处罚的，应当在被吊销的许可证或者执照上加盖吊销印章后收缴。被处罚人拒不缴销证件的，公安机关可以公告宣布作废。吊销许可证或者执照的机关不是发证机关的，作出决定的机关应当在处罚决定生效后及时通知发证机关。

第二百三十五条　作出取缔决定的，可以采取在经营场所张贴公告等方式予以公告，责令被取缔者立即停止经营活动；有违法所得的，依法予以没收或者追缴。拒不停止经营活动的，公安机关可以依法没收或者收缴其专门用于从事非法经营活动的工具、设备。已经取得营业执照的，公安机关应当通知工商行政管理部门依法撤销其营业执照。

第二百三十六条 对拒不执行公安机关依法作出的责令停产停业决定的，公安机关可以依法强制执行或者申请人民法院强制执行。

第二百三十七条 对被决定强制隔离戒毒、收容教养的人员，由作出决定的公安机关送强制隔离戒毒场所、收容教养场所执行。

对被决定社区戒毒的人员，公安机关应当责令其到户籍所在地接受社区戒毒，在户籍所在地以外的现居住地有固定住所的，可以责令其在现居住地接受社区戒毒。

第十三章 涉外行政案件的办理

第二百三十八条 办理涉外行政案件，应当维护国家主权和利益，坚持平等互利原则。

第二百三十九条 对外国人国籍的确认，以其入境时有效证件上所表明的国籍为准；国籍有疑问或者国籍不明的，由公安机关出入境管理部门协助查明。

对无法查明国籍、身份不明的外国人，按照其自报的国籍或者无国籍人对待。

第二百四十条 违法行为人为享有外交特权和豁免权的外国人的，办案公安机关应当将其身份、证件及违法行为等基本情况记录在案，保存有关证据，并尽快将有关情况层报省级公安机关，由省级公安机关商请同级人民政府外事部门通过外交途径处理。

对享有外交特权和豁免权的外国人，不得采取限制人身自由和查封、扣押的强制措施。

第二百四十一条　办理涉外行政案件，应当使用中华人民共和国通用的语言文字。对不通晓我国语言文字的，公安机关应当为其提供翻译；当事人通晓我国语言文字，不需要他人翻译的，应当出具书面声明。

经县级以上公安机关负责人批准，外国籍当事人可以自己聘请翻译，翻译费由其个人承担。

第二百四十二条　外国人具有下列情形之一，经当场盘问或者继续盘问后不能排除嫌疑，需要作进一步调查的，经县级以上公安机关或者出入境边防检查机关负责人批准，可以拘留审查：

（一）有非法出境入境嫌疑的；

（二）有协助他人非法出境入境嫌疑的；

（三）有非法居留、非法就业嫌疑的；

（四）有危害国家安全和利益，破坏社会公共秩序或者从事其他违法犯罪活动嫌疑的。

实施拘留审查，应当出示拘留审查决定书，并在二十四小时内进行询问。

拘留审查的期限不得超过三十日，案情复杂的，经上一级公安机关或者出入境边防检查机关批准可以延长至六十日。对国籍、身份不明的，拘留审查期限自查清其国籍、身份之日起计算。

第二百四十三条　具有下列情形之一的，应当解除拘留审查：

（一）被决定遣送出境、限期出境或者驱逐出境的；

（二）不应当拘留审查的；

（三）被采取限制活动范围措施的；

（四）案件移交其他部门处理的；

（五）其他应当解除拘留审查的。

第二百四十四条　外国人具有下列情形之一的，不适用拘留审

查,经县级以上公安机关或者出入境边防检查机关负责人批准,可以限制其活动范围:

(一)患有严重疾病的;
(二)怀孕或者哺乳自己婴儿的;
(三)未满十六周岁或者已满七十周岁的;
(四)不宜适用拘留审查的其他情形。

被限制活动范围的外国人,应当按照要求接受审查,未经公安机关批准,不得离开限定的区域。限制活动范围的期限不得超过六十日。对国籍、身份不明的,限制活动范围期限自查清其国籍、身份之日起计算。

第二百四十五条 被限制活动范围的外国人应当遵守下列规定:

(一)未经决定机关批准,不得变更生活居所,超出指定的活动区域;
(二)在传唤的时候及时到案;
(三)不得以任何形式干扰证人作证;
(四)不得毁灭、伪造证据或者串供。

第二百四十六条 外国人具有下列情形之一的,经县级以上公安机关或者出入境边防检查机关负责人批准,可以遣送出境:

(一)被处限期出境,未在规定期限内离境的;
(二)有不准入境情形的;
(三)非法居留、非法就业的;
(四)违反法律、行政法规需要遣送出境的。

其他境外人员具有前款所列情形之一的,可以依法遣送出境。

被遣送出境的人员,自被遣送出境之日起一至五年内不准入境。

第二百四十七条 被遣送出境的外国人可以被遣送至下列国家或者地区:

（一）国籍国；

（二）入境前的居住国或者地区；

（三）出生地国或者地区；

（四）入境前的出境口岸的所属国或者地区；

（五）其他允许被遣送出境的外国人入境的国家或者地区。

第二百四十八条 具有下列情形之一的外国人，应当羁押在拘留所或者遣返场所：

（一）被拘留审查的；

（二）被决定遣送出境或者驱逐出境但因天气、交通运输工具班期、当事人健康状况等客观原因或者国籍、身份不明，不能立即执行的。

第二百四十九条 外国人对继续盘问、拘留审查、限制活动范围、遣送出境措施不服的，可以依法申请行政复议，该行政复议决定为最终决定。

其他境外人员对遣送出境措施不服，申请行政复议的，适用前款规定。

第二百五十条 外国人具有下列情形之一的，经县级以上公安机关或者出入境边防检查机关决定，可以限期出境：

（一）违反治安管理的；

（二）从事与停留居留事由不相符的活动的；

（三）违反中国法律、法规规定，不适宜在中国境内继续停留居留的。

对外国人决定限期出境的，应当规定外国人离境的期限，注销其有效签证或者停留居留证件。限期出境的期限不得超过三十日。

第二百五十一条 外国人违反治安管理或者出境入境管理，情节严重，尚不构成犯罪的，承办的公安机关可以层报公安部处以驱逐出境。公安部作出的驱逐出境决定为最终决定，由承办机关宣布并执行。

被驱逐出境的外国人，自被驱逐出境之日起十年内不准入境。

第二百五十二条　对外国人处以罚款或者行政拘留并处限期出境或者驱逐出境的，应当于罚款或者行政拘留执行完毕后执行限期出境或者驱逐出境。

第二百五十三条　办理涉外行政案件，应当按照国家有关办理涉外案件的规定，严格执行请示报告、内部通报、对外通知等各项制度。

第二百五十四条　对外国人作出行政拘留、拘留审查或者其他限制人身自由以及限制活动范围的决定后，决定机关应当在四十八小时内将外国人的姓名、性别、入境时间、护照或者其他身份证件号码，案件发生的时间、地点及有关情况，违法的主要事实，已采取的措施及其法律依据等情况报告省级公安机关；省级公安机关应当在规定期限内，将有关情况通知该外国人所属国家的驻华使馆、领馆，并通报同级人民政府外事部门。当事人要求不通知使馆、领馆，且我国与当事人国籍国未签署双边协议规定必须通知的，可以不通知，但应当由其本人提出书面请求。

第二百五十五条　外国人在被行政拘留、拘留审查或者其他限制人身自由以及限制活动范围期间死亡的，有关省级公安机关应当通知该外国人所属国家驻华使馆、领馆，同时报告公安部并通报同级人民政府外事部门。

第二百五十六条　外国人在被行政拘留、拘留审查或者其他限制人身自由以及限制活动范围期间，其所属国家驻华外交、领事官员要求探视的，决定机关应当及时安排。该外国人拒绝其所属国家驻华外交、领事官员探视的，公安机关可以不予安排，但应当由其本人出具书面声明。

第二百五十七条　办理涉外行政案件，本章未作规定的，适用其他各章的有关规定。

第十四章　案件终结

第二百五十八条　行政案件具有下列情形之一的，应当予以结案：

（一）作出不予行政处罚决定的；

（二）按照本规定第十章的规定达成调解、和解协议并已履行的；

（三）作出行政处罚等处理决定，且已执行的；

（四）违法行为涉嫌构成犯罪，转为刑事案件办理的；

（五）作出处理决定后，因执行对象灭失、死亡等客观原因导致无法执行或者无需执行的。

第二百五十九条　经过调查，发现行政案件具有下列情形之一的，经公安派出所、县级公安机关办案部门或者出入境边防检查机关以上负责人批准，终止调查：

（一）没有违法事实的；

（二）违法行为已过追究时效的；

（三）违法嫌疑人死亡的；

（四）其他需要终止调查的情形。

终止调查时，违法嫌疑人已被采取行政强制措施的，应当立即解除。

第二百六十条　对在办理行政案件过程中形成的文书材料，应当按照一案一卷原则建立案卷，并按照有关规定在结案或者终止案件调查后将案卷移交档案部门保管或者自行保管。

第二百六十一条　行政案件的案卷应当包括下列内容：

（一）受案登记表或者其他发现案件的记录；

（二）证据材料；

（三）决定文书；

（四）在办理案件中形成的其他法律文书。

第二百六十二条 行政案件的法律文书及定性依据材料应当齐全完整，不得损毁、伪造。

第十五章　附　　则

第二百六十三条 省级公安机关应当建立并不断完善统一的执法办案信息系统。

办案部门应当按照有关规定将行政案件的受理、调查取证、采取强制措施、处理等情况以及相关文书材料录入执法办案信息系统，并进行网上审核审批。

公安机关可以使用电子签名、电子指纹捺印技术制作电子笔录等材料，可以使用电子印章制作法律文书。对案件当事人进行电子签名、电子指纹捺印的过程，公安机关应当同步录音录像。

第二百六十四条 执行本规定所需要的法律文书式样，由公安部制定。公安部没有制定式样，执法工作中需要的其他法律文书，省级公安机关可以制定式样。

第二百六十五条 本规定所称"以上"、"以下"、"内"皆包括本数或者本级。

第二百六十六条 本规定自2013年1月1日起施行，依照《中华人民共和国出境入境管理法》新设定的制度自2013年7月1日起施行。2006年8月24日发布的《公安机关办理行政案件程序规定》同时废止。

公安部其他规章对办理行政案件程序有特别规定的，按照特别规定办理；没有特别规定的，按照本规定办理。